PISA 수학 상위권 국가인 캐나다 초등학생의 행복한 수학 공부법

수포자가 없는
캐나다 수학 교실

배인혜 지음

교육 R&D에 앞서가는
 키출판사

프롤로그

내가 책을 쓰게 된 이유

"Mommy!" 저녁을 먹고 문제집을 푸는 중, 딸아이가 저를 부르곤 해요. 이어지는 말이 예상되지만 왜 불렀는지 먼저 물어봅니다. "I don't know how to do this. (나 이거 어떻게 하는지 모르겠어.)" 하루에도 몇 번씩 딸이 저에게 하는 말이에요. 저녁 메뉴를 묻는 말을 제외하면 가장 많이 듣는 말 같아요.

제 아이는 캐나다에서 나고 자랐지만, 한국말을 곧잘 합니다. 하지만 학교에서 배우는 것들을 제가 한국에서 배웠던 식으로 설명해 주면 고개를 갸우뚱거리며 영 알아듣지 못했어요. 그래서 몇 년 전까지는 딸이 공부하는 중에 저를 부르면 살짝 긴장이 됐지요. 그리고 이런 순간마다 한 번만 누가 저에게 캐나다식 문제 풀이를 설명해 주면 좋겠다 싶었습니다. 제가 일단 이해하고 나면 다음에 아이에게 설명하는 게 훨씬 쉬워질 것 같았거든요.

특히 수학 문제가 유난히 절 답답하게 했어요. 두 자릿수 덧셈 같은 쉬운 문제조차 난관이었습니다. "자, 이걸 서로 더해봐. 10이 넘지? 그럼 이제 이 10을 옆으로 넘겨." 그럼, 딸은 "응? 넘겨? 그게 뭐야?"라고 합니다. 우리에겐 매우 익숙한 '넘기다'는 개념이 이해가 안 된다는 말이죠. 그럼 제 머리도 같이 멈춥니다. 구글에 '넘겨주다'라는 단어를 찾아보면 hand over, pass over, extradite 등등이 나와요. 하지만 이렇게 매번 사전을 찾기도 힘들고, 찾는다 한들 이 단어가 실제로 교실에서 자주 쓰이는 말인지는 확신이 없었습니다.

그런 와중에 저도 학교에서 장애 학생들의 수업을 도와주는 보조 교사(educational assistant)로 일하게 되었어요. 학교 일은 매우 재미있었어요. 아이들이 학교에서 무엇을, 어떻게, 어떤 방식으로 배우는지를 지켜보는 건 저에게 상당히 흥미로웠기 때문입니다. 그렇게 몇 년을 일하다 보니, 아이들이 어떻게 숫자에 접근하는지, 또 숫자들을 어떤 방식으로 확장해 나가는지 이해하게 되었습니다. 그래서인지 이제는 수학 문제를 봐주는 게 제일 쉬워졌는데 아이들이 그사이에 벌써 다 커버렸네요.

저의 경험을 빗대어 외국에 공부하러 나가는 아이들, 우리 가족 같은 이민자 가정뿐만 아니라, 한국에서 아이들의 수학을 위해 노력하시는 모든 부모님을 위해 이 책을 쓰게 되었습니다. 수포자가 없는 캐나다 학교에서 어떻게 수학을 가르치는지 알 수 있도록 최대한 상세하면서도 쉽게, 영어로 된 수학 용어와 문제 풀이, 개념 등을 정리했습니다.

부디 많은 분께 도움이 되길 바랍니다.

배인혜

목차

프롤로그
내가 책을 쓰게 된 이유

본격적으로 시작하기 전에
수학을 좋아하는 캐나다 아이들 6

Chapter 1 숫자와 친해지기 (Numbers and Counting) 15

Chapter 2 덧셈, 뺄셈, 곱셈, 나눗셈 용어 사용 설명서 31

Chapter 3 수의 표현 개념 이해 (Representing Numbers) 49

쉬어 가는 페이지
재미있는 캐나다 교실의 Spirit Day or Week 64

Chapter 4 곱셈 (Multiplication) 69

Chapter 5 나눗셈 (Division) 85

 분수 (Fraction) 101

 소수 (Decimal) 119

쉬어 가는 페이지
캐나다 아이들의 놀이 영어 132

 도형 (Geometry) 141

Chapter 9 단위 (Unit of Measurement) 161

쉬어 가는 페이지
캐나다 학교의 일 년 180

에필로그
맺음말 206

부록
부록 1: 캐나다 vs 한국 수학 교과 과정 210
부록 2: Math Vocabulary 216

본격적으로 시작하기 전에

수학을 좋아하는 캐나다 아이들

수학을 싫어하는 캐나다 아이들이 있을까요? 제가 아는 한은 없습니다. 물론 제가 아는 한이다 보니 범위가 너무 좁죠. 하지만 적어도 초등학교 저학년까지는 "I don't like it. (좋아하진 않아요.)" 혹은 "Not much. (별로예요.)"라고 표현하는 경우는 봤지만 "I hate math. (저 수학 싫어해요.)"나 "I give up. (저 수학 포기했어요.)"이라고 말하는 친구는 본 적이 없어요.

그런데 왜 한국 아이들은 수학을 싫어하거나 일찍 포기하는 걸까요? 제 주관적인 견해로는 크게 두 가지로 볼 수 있을 것 같아요. 첫 번째는 무리한 선행이나 문제 풀이 반복 위주의 학습을 한 경우입니다. 학교에서의 정규 과정이 아니라 선행 학습의 어마어마한 학습량 때문에 수학을 싫어하게 된 거죠. 두 번째는 수학 그 자체가 어려워서 따라가기 어렵거나, 자신감이 없어서 싫어하게 된 경우입니다. 하지만 캐나다에서는 두 번째 이유가 초등 저학년생에게는 거의 해당하지 않아요. 수학을 정말 쉽고 천천히 가르치기 때문입니다.

그럼, 캐나다 사람은 다 수학을 좋아할까요? 그건 또 아닙니다. 한국에서 나고 자란 제 기준에선 캐나다 수학이 쉽고 재미나기까지 하지만 캐나다도 사람 사는 곳이다 보니 학년이 올라가면 한국과 똑같이 아이들의 실력 차가 나타나기 시작합니다. 너무 당연한 이야기지만 한국 아이들처럼 집에서 많은 것을 익혀오는 아이들과 준비가 안 된 아이들은 답을 구하는 과정에서 속도가 차이 나기 시작하거든요. 예를 들어 구구단을 외고 있는 아이와 그렇지 못한 아이가 같은 문제를 동시에 풀기 시작하면, 당연히 외고 있는 아이가 먼저 답을 구하는 것과 같은 맥락입니다.

그러면서 다른 아이들보다 느리다고 스스로 느끼거나, 답을 구하지 못하는 경우가 많아지기에 점점 학년이 올라갈수록 수학 시간이 부담스러워집니다. 느리게 흘러가는 캐나다라고 해도 고학년이 되면 수학을 싫어하는 아이들이 분명히 생기게 되는 건 맞습니다. 다만 저학년까지는 **천천히 원리와 문제를 풀어가는 과정을 중시하는 것이 이곳 캐나다 수학 교육의 핵심**입니다.

사실 제가 수학을 이야기하기엔 스스로도 좀 웃기는데요. 솔직히 전 수학을 잘하는 학생이 전혀 아니었어요. 제가 수학에 관련된 책을 쓴다고 했을 때 남편이 웃을 정도로요. 제가 캐나다에서 학교에 진학할 때 고등학교 생활 기록부를 영문으로 제출한 적이 있어서 남편이 제 수학 성적을 이미 봤거든요! 치부이지만 사실은 사실이니까요. 하하. 왜 이런 사적인 이야기까지 털어놓았을까요? 사실 "수학 싫어!"라고 말했던 사람이 바로 저였거든요. 그런데 캐나다 교실 한복판에서 듣는 수학은 너무나 재미있었어요.

왜냐면 저에게 한국 학창 시절의 수학 시간은 '왜 이걸 배우지?'라는 질문에 대한 대답이 부족했는데, **캐나다에서는 하나를 배우면 그다음 과정이 연결되고, 모든 것이 퍼즐처럼 하나의 큰 그림을 완성하는 것 같았어요.** 그래서인지 '왜'라는 질문에 의문을 가질 필요도, "공식이니까 그냥 외워!"라는 말도 필요가 없었어요. 그냥 물 흐르듯 스며들더라고요. 간략하게 잠깐 말씀드려 볼 테니 한번 들어 보시겠어요?

캐나다에서는 수학이라는 큰 그림을 위해 학교에서 숫자 세기(counting)부터 시작합니다. 이는 수를 건너뛰어 세는 뛰어 세기(skip counting)로 이어지고, 이 과정은 구구단의 원리까지 연결됩니다. 숫자 세기는 연산으로도 흘러갈 수 있어요. 몇 가지 종류의 그림들을 놓고 숫자를 센 뒤 "둘 중에 뭐가 더 많아?"라는 질문을 하며 비교하기도 해요. 그러면서 '많다(more)'와 '적다(less)'의 개념, 그리고 차이값인 뺄셈의 개념까지 완성됩니다.

수(number)라는 개념 또한 숫자 그 자체로 시작해서 그 수를 표현하는 여러 가지 방법을 익힙니다. 두 자릿수 이상의 숫자를 배우게 되면 각 자리의 진짜 가치(value)를 알아갑니다. 그러면서 십의 자리와 일의 자리, 단 두 자릿수로 시작한 자릿수의 개념(place value)은 고학년이 되면 백의 자리, 천의 자리 등으로 확장되어 나오게 된답니다.

이 개념은 분수(fraction)와 소수(decimal)에서도 만나게 돼요. 라인 차트(line chart)를 포함해 이 과정에서 답을 알아내는 데 유용하게 사용하는 수학적 도구들은 몇 년 동안이고 계속 반복해서 사용됩니다. 방식은 같지만, 숫자들은 점점 커지고 복잡해지는 것뿐이죠.

방금 말씀드린 내용이 약간 복잡하고 어렵다고요? 지금부터 제가 정리해서 '여기 캐나다에서 나고 자란 아이들은 이렇게 수학을 배운다.'에 대해 쉽게 알려드릴게요.

캐나다에서는 풀이 과정을 이해한 뒤, 문제를 풀 때 풀이 과정을 함께 써야 해요. 즉, **서술형 문제가 많다는 점이 한국의 수학과 가장 큰 차이점입니다.** 그래서인지 한국에서 초등학교에 다니다가 캐나다에 온 아이들은 문제만 보고 "아우 너무 쉬워. 넌 아직도 두 자릿수 덧셈, 뺄셈하니? 난 세 자릿수 곱하기하는데?" 이렇게 말하는 경우도 있는데요. 워낙 이민자들이 많은 캐나다인지라 선생님들이 이렇게 연산이 뛰어난 아이들 때문에 힘들어하기도 하는 것을 들어본 적 있으실까요?

계산 자체가 익숙한 아이들은 암산(mental math)을 이용해서 바로 답을 구해버리지만, 선생님은 "이건 내가 원하는 방식이 아니야."라고 다시 해오라고 요구합니다. 아이들 입장에선 이미 답이 맞았는데 왜 다른 방식으로 문제를 풀어야 하는지, 왜 풀이 과정을 맞추어서 적어내야 하는지 이해가 안 되는 상황이 생겨요. 이건 한국 아이들만 겪는 일이 아니라 인도, 중국 등 다른 나라에서 온 친구들에게도 해당하는 이야기입니다. **답도 중요하지만 어떻게 그 답이 나왔는지에 대한 과정을 알아야 하는 것이 캐나다 수학에서 중요하게 생각하는 포인트입니다.**

제 지인 중에 의사 선생님이 한 분 계시는데 하루는 그분이 푸념하시더라고요. 중학생 딸이 수학 문제를 풀 때 본인이 설명하는 방식으로 하면 쉽게 답이 딱 나오는데, 늘 "엄마는 틀렸어!"를 외친답니다. 아이가 이제 사춘기라며 고개를 절레절레하시는데 제가 덧붙이면 더 속상하실까 봐 아무 말도 하지 않고 그냥 들어드렸던 기억이 나요. 물론 '엄마가 틀렸다.'라는 말은 옳은 것은 아니라고 생각합니다. 정확하게 표현하면 '엄마가 문제를 푸는 방식과 내 방식이 다르다.'가 맞는 말이겠지요.

교육이 무엇에 포커스를 맞추느냐는 정말 큰 차이를 가져오는데요. 암산 등의 수학적 능력(math smart)을 강조하는 한국에서는 수학만큼은 빠르고, 정확하게 풀어내는 연습을 많이 하고, 여기 **캐나다에서는 얼마나 이해했는지를 나타내는 언어적 능력(language smart)을 중요하게 여겨요.** 수학에서도 언어적 논리를 통해 사고하는 법을 강화하며 배우게 하고, 이 점은 전 과목에 걸쳐 나타나요. 현재 제가 일하는 교육청 사이트를 살펴보면 캐나다에서 수학 교육을 바라보는 시각을 정확하게 알 수 있습니다.

> Understanding math is the key. A variety of strategies are introduced and practiced through the early years. Our goal is for students to understand there are many ways to get to the answer.
>
> (출처: https://media.pembinatrails.ca/media/Default/medialib/ey-multi-age-math_web.9e85649568.pdf)

직역해 보면 다음과 같습니다. '수학을 이해하는 것이 핵심입니다. 저학년일 때부터 다양한 전략을 소개하고 연습해야 합니다. 우리의 목표는

학생들이 답을 구할 수 있는 많은 방법이 있다는 것을 이해하게 하는 것입니다.'

한 가지 답을 구하는 여러 가지 방법이라, 매력 있지 않나요? 저는 캐나다의 중소 도시에 사는지라, 대도시에서는 수학 교육의 목표가 무엇인지 궁금해졌습니다. 그래서 토론토와 수도인 오타와가 있는 온타리오주의 교육 과정 자료를 살펴보았습니다. 온타리오주의 주 정부 사이트에서 교육 과정 자료(Curriculum and Resource)의 수학 교육의 비전과 목표(Mathematics Vision and Goals, 2020)를 보면 이렇게 나와 있습니다.

> **The vision of the mathematics curriculum is to help all students develop a positive identity as a mathematics learner and see themselves as mathematically skilled, to support them as they use mathematics to make sense of the world, and to enable them to make critical decisions based on mathematically sound principles.**
>
> (출처: https://www.dcp.edu.gov.on.ca/en/curriculum/elementary-mathematics/context/vision-and-goals)

이것도 직역하면 '수학 교육 과정의 비전은 모든 학생이 수학 학습자로서의 긍정적인 정체성을 개발하고, 스스로 수학적으로 능숙하다고 생각할 수 있도록 도우며, 수학을 이용해 세상을 이해할 수 있도록 지원하고, 수학적 원리 안에서 중요한 결정을 내릴 수 있도록 만들어 준다.'입니다.

이 문구 중 '수학 학습자로서의 긍정적인 정체성을 개발하고, 스스로 수학적으로 능숙하다고 생각할 수 있도록 돕는다.'라는 문구가 저는 참 멋지다고 생각했어요. 모든 개개인의 속도와 다름을 존중하는 캐나다의 가장 큰 장점을 그 문장에서 엿볼 수 있거든요.

그래서인지 캐나다 수학은 모두가 이해할 수 있도록 수학적 사고의 큰 그림을 아주 기초적인 부분부터 차근차근 쌓아가고, 따라갈 수 있도록 반복해서 천천히 다양한 방식으로 설명하고 그려줍니다. 저도 한 명의 수학 학습자로서 이 책을 써 내려가면서 '아, 이 부분이 이렇게 연결되는 거구나! 유레카!'를 외칠 수 있었어요. 수학의 원리를 다시 한번 정리할 수 있었거든요.

저는 문과 성향의 사람인지라 이과 사람들은 당연히 저와는 다르게 수학을 잘하도록 타고났다고 생각해 왔어요. 심지어 태교를 수학 문제집을 풀면서 한다는 사람들 이야기를 듣고 '그게 가능해?'라며 말도 안 된다고 생각했고요. 앞서 말씀드렸듯이 '왜'라는 질문에 답을 찾을 수가 없었던 시절이었거든요.

하지만 이곳 캐나다에서 가르치는 수학은 다릅니다. 언어적 능력을 중시하다 보니 '왜?'라는 질문 자체에 답이 있어요. 이러한 특징은 수학적 사고에만 국한되는 것이 아니기 때문에, 아이들의 생각 방식 자체가 다양합니다. 이렇게 자라는 아이들이 어떻게 공부하는지 알아야 우리도 아이들의 사고를 따라가고 이해할 수 있지 않을까요?

두 나라의 교과 과정의 가장 큰 차이점은, 한국에서는 비교적 단원별로 덧셈, 뺄셈, 곱셈, 나눗셈이 나누어져 있다면 **캐나다에서는 1학년 때부터 분수의 개념을 포함해서 매 학년 같은 카테고리가 반복된다는 점입니다.** "응? 1학년이 분수를? 캐나다 수학 쉽다면서요?"라고 생각하실 수 있지만 실제로는 말이 분수지 숫자 세기에 더 가깝답니다. 아이들이 그림을 보면서 몇 조각으로 나누어져 있는지 세어보거든요. 1에서 9까지만 셀 줄 알면 할 수 있는 일이니까 아주 쉽습니다.

면적(area)도 1학년 때 다루는데요. 면적이라는 영역을 1학년이 어떻게 배울까요? 이것 또한 아주 쉽습니다. 네모 모양의 도형에 눈금이 그어져 있고 그 안에 작은 네모가 총 몇 개인지 세어보는 방식으로 진행해요.

이렇게 대부분의 학습이 숫자 세기와 관련해서 아주 쉽게 시작해요. 3학년까지는 큰 숫자는 나오지 않고 숫자 세기 과정을 지속합니다. 앞서 말씀드린 뛰어 세기(skip counting)로 시작되는 곱셈은 4학년이 되어서야 9단까지 완성돼요. 4학년부터가 본격적으로 앞서 배운 개념들을 바탕으로 분야가 넓어지고 수학적 논리가 확장되는 시기라고 보시면 될 것 같아요.

이제부턴 진짜 이곳에서 아이들이 어떻게 수학을 배우는지 같이 살펴보시겠어요?

Chapter 1

숫자와 친해지기
(Numbers and Counting)

캐나다에서는 수학이라는 큰 그림을 위해
학교에서 **숫자 세기(counting)**부터 시작합니다.
수를 건너뛰어 세는 **뛰어 세기(skip counting)**로 이어지고,
이 과정은 **구구단**의 원리까지 연결됩니다.

Chapter 1

숫자와 친해지기

캐나다 학교에서는 처음엔 아이들에게 숫자와 친숙해지는 법부터 가르칩니다. 계속해서 숫자를 읽고, 세고, 큰 수와 작은 수의 개념을 가르쳐요. 일찍부터 덧셈, 뺄셈할 줄 아는 우리 아이들에겐 캐나다 학교에서의 수학은 어렵지 않을 거예요. 영어가 부족해서 걱정되시는 분들도 걱정하지 마세요. 수학 용어들은 반복되어서 사용되기 때문에 한 번만 익히면 쉽고 즐거운 수학 시간이 되니까요.

먼저 우리가 잘 아는 숫자 세기부터 시작할까요?

One, two, three, four, five, six, seven, eight, nine, ten.
(하나, 둘, 셋, 넷, 다섯, 여섯, 일곱, 여덟, 아홉, 열.)

이렇게 입으로 소리를 내서 함께 숫자를 세요. 정말 쉽죠? 그러면 아이들은 선생님이 어떤 표현을 쓸 때 숫자 세는 시간인 줄 알 수 있을까요?

"Let's count the numbers! (숫자를 세어보자!)"

꼭 '~하자'라는 표현을 쓰지 않더라도 숫자를 세다는 뜻의 count가 문장에 있다면 아이들은 숫자를 세는구나, 하고 알아차립니다.
"How about counting numbers?, Count along with me!" 등의 여러 가지 표현을 교실에서 사용하니 잘 익혀두면 좋을 것 같습니다.

이번에는 또 어떻게 수를 세는지 알아볼까요? 수학 시간에는 그냥 말로만 수를 세기보다는 칠판 위의 그림이나 숫자를 활용해요. 칠판에 사과 세 개가 있다고 해봅시다.

이번에는 선생님이 뭐라고 말하면서 숫자를 읽으라고 할까요?

How many apples are in your picture?
(그림에 사과가 몇 개인가요?)
How many apples are on the board?
(칠판에 몇 개의 사과가 있나요?)
How many apples are there?
(거기에 사과가 몇 개일까?)

이렇게 How many …?를 사용합니다. 몇 개인지 대답해 달라는 뜻이지요. 영어를 잘 못 알아듣는 시기라고 해도 걱정하지 마세요. 첫 문장이 How many?로 시작되면 선생님이 가리키는 손끝을 따라서 같이 그림의 숫자를 세면 된다고 알려주실 거예요.

학교에서 숫자 세기를 가르치는 법은 또 있습니다. "Put three apples on the frame. (틀 안에 사과 세 개를 넣으세요.)" 이건 표와 빈칸을 이용해 사과 세 개를 그려 넣고 세어보는 방식입니다.

Put이라는 단어도 Let's만큼 많이 쓰이는 단어예요. 학교에서 선생님이 제일 많이 하시는 말씀 중 하나가 "Put it down. (내려놔.)"인데요. Put이란 동사는 손에 든 물건을 내려놓을 때도 쓰이지만 무언가를 그려 넣거나, 채워 넣는 것에도 쓰인답니다.

또 다른 방법은 빈칸 채우기로 숫자 세기를 배우는 것입니다.

Find the missing numbers in the boxes.
(박스 안에 빠진 숫자를 찾으세요.)
Fill in the blanks.
(빈칸을 채우세요.)
What numbers are missing?
(어떤 숫자가 빠졌나요?)

등의 표현이 이 문제 유형에서는 많이 쓰여요. 특히 Fill in the blanks.는 전 과목에 걸쳐서 늘 쓰이는 표현이니 꼭 기억하세요.

1	2		4	5
6		8	9	10

그럼 문제를 풀어볼까요? 어떤 숫자가 빠졌나요? 정답은 3과 7입니다.

또 다른 유형으로는 숫자의 위치를 통해 물어보는 것이 있습니다. 단어 before와 after를 넣어 "What number comes before? (이 숫자 앞에는 뭐가 오니?), What number comes after? (이 숫자 뒤에는 뭐가 오니?)"라는 표현을 많이 사용해요.

한번 예시 문제를 볼까요?

    Q: What number comes before 7?
       (숫자 7 앞에는 무슨 숫자가 오니?)

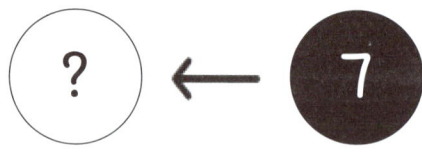

위의 문제에서는 7의 앞의 숫자를 물어봤네요. 첫 번째 문제의 답은 숫자 6입니다.

지금부터는 숫자 세는 법을 조금 더 자세하게 알아볼까요? 한국에서는 아이들이 유치원까지는 숫자 세기를 다 같이 하는데 초등학교에 간 후에는 하지 않죠? 하지만 캐나다 학교에서는 꽤 오랫동안 다 함께 입을 모아 숫자 세기를 합니다. 학년이 올라갈수록 숫자의 단위가 커질 뿐이랍니다.

Let's count 1 to 10.
(1부터 10까지의 숫자를 세자.)
Let's count between 2 and 5.
(2와 5 사이의 숫자를 세자.)
Let's count up to 50.
(50까지 숫자를 세자.)

각 문장의 차이가 느껴지세요? 그렇죠. 숫자 세기의 범위를 정해준 거예요. 첫 번째 문장은 숫자 1부터 10까지 순서대로 세면 됩니다. 두 번째 문장인 **between 2 and 5**는 어떻게 세면 될까요? 정답은 2, 3, 4, 5와 같이 숫자 2부터 5까지를 하나씩 세면 됩니다. 마지막 문장인 **up to 50**은 50까지 세자고 끝을 정해주었습니다.

또 하나 중요한 표현이 있어요. 이건 별표 필수! **count by**라는 표현입니다. by 뒤의 숫자를 기준으로 띄어 세는 건데요. 이 표현이 중요한 이유는 처음에 말씀드린 대로 저학년 때부터 뛰어 세기(skip counting)를 통해 곱셈의 원리를 배우기 때문입니다. "Count by twos! (두 개씩 세어보자!)"라는 표현을 보시면 by 뒤 two에 s가 붙은 것 보이시나요? 그럼 2의 배수를 세는 것입니다. 2, 4, 6, 8, 10 이렇게 숫자가 올라가요. 어디서 많이 보지 않으셨나요? 네, 맞아요. 구구단 2단이에요.

그러면 또 다른 예를 한번 들어보겠습니다. Count by tens! (열 개씩 세어보자!) 이제 너무 쉽죠? 10, 20, 30, 40, 50… 이렇게 십의 자리로 숫자를 세면 됩니다. 이런 식으로 by 뒤에는 어떤 숫자도 나올 수 있어요. 학교에선 뛰어 세기로 게임도 많이 하고요. 한국에서 많이 하는 3, 6, 9 같은 게임인데요. 학생들이 모두 일어나고 count by 뒤에 나올 숫자를 정한 다음에, 숫자에 걸린 사람이 한 명씩 차례로 앉는 거예요. 아이들이 하나둘씩 앉다 보면 마지막 한 명 남는 사람이 이기는 게임이에요. 굉장히 간단하지만 무척 즐거워한답니다.

수업 중에 많이 쓰는 I can count by 5s의 예시

1	2	3	4		6	7	8	9	
11	12	13	14		16	17	18	19	
21	22	23	24		26	27	28	29	
31	32	33	34		36	37	38	39	
41	42	43	44		46	47	48	49	

이 표는 아이들이 수를 접할 때 한눈에 알아보기 쉽게 만들어진 표인데요. 무조건 5의 배수라고 암기하기보다는, 1부터 차례대로 읽어 나가면서 다섯 번째마다 오는 수를 확인하고, 그 규칙성을 발견하게 하는 캐나다 수업의 특징이 담긴 표라고 보시면 됩니다. 보기에는 너무 쉽고 같은 것만 반복하는 것 같은데 **수학의 근간이 되는 수의 규칙성을 깨치게 돼요.** 이런 과정들을 통해 자연스럽게 구구단의 배수 원리도 쉽게 배워갑니다.

그럼 다음으로 넘어가 볼게요. 다음 문장을 영어로 번역해 보시겠어요?
'짝수로 세어보자, 홀수로 세어보자.'
힌트를 드리자면 짝수는 영어로 even number이고, 홀수는 odd number입니다. 단어를 아니 정말 쉬운 표현이죠?

Count by even numbers.
(짝수로 세어보자.)
Count by odd numbers.
(홀수로 세어보자.)

이제 숫자 세는 것에 마스터가 된 것 같지만 끝이 아닙니다. in order와 backward라는 표현을 사용해서 숫자를 세기도 합니다. in order는 '순서대로'라는 뜻인데 많이 생략하기도 해요. 숫자는 원래 작은 수에서 큰 수의 순서대로 세기 때문입니다. "Count in order from 1 to 100. (숫자 1부터 100까지 순서대로 세어보자.)"라고 표현합니다.

backward라는 말은 거꾸로란 뜻인데 말 그대로 숫자를 거꾸로 세는 것이죠. 그래서 거꾸로 세자고 할 때는 "Count backwards from 100 to 1. (숫자 100부터 1까지 거꾸로 세어보자.)" 이렇게 표현할 수도 있고 혹은 down을 사용해서 "Count from 100 down to 1."으로 표현할 수도 있습니다.

여기서 그럼 퀴즈를 내볼까요? 조금 난도가 있는 퀴즈인데요.

Q: Count backward from 100 by 7s!
(100부터 시작해서 7씩 거꾸로 세어보자!)

이제 아이들이 고개를 갸웃거리면서 숫자를 세기 시작할 거예요. 이건 어른들도 바로바로 안 나올걸요? 위에서 다루었던 숫자 세기, 뛰어 세기에 backward까지 섞여 있네요. 하하. 한번 같이 해볼까요? 100, 93, 86, 79, 72, 65…. 네, 쉽지 않습니다!

이번에는 그림을 보면서 쉬운 예시를 볼까요?

Q: Count the stars by 3s.
(별을 세 개씩 세어보자.)

어떻게 세나요? 3, 6, 9, 12, 15. 네, 정답은 총 15개입니다.

이쯤 되면 숫자 읽기의 달인이 되셨을 것 같아요. 하나 더 중요한 점을 알려 드릴 거예요. 바로 서수(ordinal number)입니다. **서수는 첫 번째, 두 번째와 같이 순서나 위치를 나타낼 때 사용하는 표현인데요.** 예를 들어, '내가 첫 번째로 왔어!'라고 할 때 'I'm one!'이라고 하진 않아요. 서수를 사용해서 'I'm first!'라고 합니다.

달력의 날짜를 읽을 때도 서수를 써요. 5월 3일을 영어로 하면 May Third라고 합니다. 보통은 서수를 글로 표현할 때는 일반 숫자와 헷갈리는 걸 피하고자 1st, 2nd, 3rd, 4th 이렇게 약자를 붙여서 사용해요. 여기서 집중하셔야 하는 부분은 4th에 붙어있는 **th**입니다. 대부분의 서수에는 숫자 뒤에 th를 붙여서 서수라는 것을 나타내요. 하지만 이 규칙에서 몇 가지 예외가 있습니다. 바로 앞에서 말씀드린 1, 2, 3 뒤에 쓴 알파벳처럼요. 풀어 쓰자면 first, second, third입니다. 아래의 서수 표에서 불규칙한 발음은 빨간색으로 알려드릴게요.

정수와 서수 표 (Cardinal and Ordinal Numbers)

정수 (Cardinal number)		서수 (Ordinal number)	
1	one	1st	first
2	two	2nd	second
3	three	3rd	third
4	four	4th	fourth
5	five	5th	fifth
6	six	6th	sixth
7	seven	7th	seventh
8	eight	8th	eighth
9	nine	9th	ninth
10	ten	10th	tenth
11	eleven	11th	eleventh
12	twelve	12th	twelfth
13	thirteen	13th	thirteenth
14	fourteen	14th	fourteenth
15	fifteen	15th	fifteenth
16	sixteen	16th	sixteenth
17	seventeen	17th	seventeenth
18	eighteen	18th	eighteenth
19	nineteen	19th	nineteenth
20	twenty	20th	twentieth
21	twenty-one	21st	twenty-first

22	twenty-two	22nd	twenty-second
23	twenty-three	23rd	twenty-third
24	twenty-four	24th	twenty-fourth
25	twenty-five	25th	twenty-fifth
26	twenty-six	26th	twenty-sixth
27	twenty-seven	27th	twenty-seventh
28	twenty-eight	28th	twenty-eighth
29	twenty-nine	29th	twenty-ninth
30	thirty	30th	thirtieth
40	forty	40th	fortieth
50	fifty	50th	fiftieth
60	sixty	60th	sixtieth
70	seventy	70th	seventieth
80	eighty	80th	eightieth
90	ninety	90th	ninetieth
100	one hundred	100th	one hundredth
1,000	one thousand	1,000th	one thousandth

표를 보시면 1st, 2nd, 3^{rd}를 제외하고는 모두 th가 붙는 걸 발견하실 수 있을 거예요. 추가로 약간씩 변하는 예외적인 규칙들에 대해서 알려드릴게요.

☑ 've'로 끝나는 경우, ve가 f로 바뀌면서 th를 붙입니다.
  five → fifth

☑ 't'로 끝나는 경우, t를 생략하고 th를 붙입니다.
  eight → eighth

> ☑ 'e'로 끝나는 경우, e를 생략하고 th를 붙입니다.
> nine → ninth
>
> ☑ 'y'로 끝나는 단어인 경우, ie로 변환하여 th를 붙입니다.
> twenty → twentieth

이제 자신 있게 서수를 읽을 수 있고 아이들에게도 알려주실 수 있겠죠? 서수까지 읽을 줄 아신다면 영어로 숫자 읽는 법은 정말 잘 알고 계신 겁니다.

다음 챕터로 넘어가기 전에 숫자의 자릿수에 대해 잠깐 말씀드릴게요. 이걸 알고 넘어가야 다음 이야기들이 쉽게 이해되기 때문입니다.

자릿수가 뭘까요? **숫자가 어느 자리에 있는지에 따라 그 숫자의 가치(value)가 정해지는 것을 말해요.** digit이라는 단어는 주로 비밀번호 설정할 때 많이 보셨을 텐데요. 자릿값을 나타내는 숫자를 의미합니다. Enter your four-digit passcode. (비밀번호 네 자리를 입력하세요.)에서 두 자릿수 숫자는 two-digit number, 세 자릿수 숫자는 three-digit number라고 합니다. 숫자의 자릿수가 많아질수록 숫자의 값이 점점 커져요.

다시 자릿수로 넘어가서 365라는 숫자를 생각해 볼게요. 365에서의 3이란 300의 가치를 가집니다. 그냥 3이 아니죠. 365라는 숫자는 300+60+5의 개념인데, 이걸 **자릿값 (place value)**이라고 해요. 이 개념은 아주 중요하기 때문에 챕터 3에서 더 자세히 다룰 건데요. 일단은 각 숫자의 자릿값과 숫자 세는 법만 기억하면 되니까 걱정하지 마세요.

Place value

7, 654, 321

7	,	6	5	4	,	3	2	1
M		HTh	TTh	Th		H	T	O
Millions		Hundred Thousands	Ten Thousands	Thousands		Hundreds	Tens	Ones
7 x 1,000,000		6 x 100,000	5 x 10,000	4 x 1,000		3 x 100	2 x 10	1 x 1
seven million		six hundred thousand	fifty-four thousand			three hundred	twenty-one	

위의 표에서 숫자 1은 일의 자리(ones place), 숫자 2는 십의 자리(tens place)와 같은 식으로 각 자릿값을 한눈에 보실 수 있을 거예요. 저는 백만(million)까지 표시했지만, 숫자가 커질수록 십억(billion), 조(trillion)와 같이 점점 값이 커지게 됩니다. 우리와는 다르게 북미 지역에서는 숫자를 쓸 때 **세 자릿수마다 콤마(,)를 찍어서 표기**해 준다는 점 또한 잊지 말아 주세요.

여기서 그럼 실제 자리(digit)와 자릿값의 개념을 이용한 문제를 내볼까요?

주어진 숫자: 1, 2, 3, 4, 5

Q1: What is the largest 3-digit number you can make with the given numbers?
(주어진 숫자로 만들 수 있는 가장 큰 세 자릿수 숫자는?)

Q2: What is the largest 3-digit number you can make with 2 in the hundreds place?
(백의 자리에 2를 가진 가장 큰 세 자릿수 숫자는?)

첫 번째 문제의 답은 543입니다. 가장 큰 숫자가 자릿값이 가장 높은 곳으로 가야 하고, 세 자릿수에서 자릿값이 가장 높은 곳은 백의 자리니까요. 그래서 5는 백의 자리, 4는 십의 자리, 3은 일의 자리이기 때문에 정답은 543입니다. 두 번째 문제의 답은 254입니다. 문제의 조건이 2가 백의 자리가 되어야 하니, 십의 자리는 5, 일의 자리에는 4가 오기 때문입니다.

이제 숫자에 대한 거의 모든 것을 아시는 것 같아요. 숫자와 친해지기 미션, 성공하셨나요?

Chapter 2

덧셈, 뺄셈, 곱셈, 나눗셈
용어 사용 설명서

아이에게 제가 한국에서 배웠던 식으로 설명해 주면 고개를 갸우뚱거리며 영 알아듣지 못했어요. 덧셈에서 한 자릿수 두 개를 더할 때 10이 넘어가면 그 10을 옆으로 넘기라는 표현을 어떻게 할까요?

Chapter 2

덧셈, 뺄셈, 곱셈, 나눗셈 용어 사용 설명서

사칙 연산인 덧셈(addition), 뺄셈(subtraction), 곱셈(multiplication), 나눗셈(division)은 우리에게 너무나 쉽죠. 사칙 연산을 영어로 표현하는 방법은 용어 정리를 먼저 한 뒤 같이 배워 보도록 하겠습니다. 먼저 +, -, ×, ÷처럼 수학에서 쓰이는 기호들을 수학 기호(math operator)라고 합니다.

덧셈 (Addition)

```
        plus sign    equal sign
            ↓            ↓
     6   +   7   =   13
     ↑       ↑        ↑
   addend  addend    sum
```

6 더하기 7은 13.

Six plus seven equals 13.
Six added to seven makes 13.
Adding six to seven is 13.

덧셈에서 더한다는 표현은 **plus, added to**를 많이 사용해요. 아주 간단하게는 Six and seven equals thirteen.과 같이 표현하는 경우도 있지만 위의 3가지 유형을 제일 많이 쓰는 것 같아요. 보통 아이들은 자기가 쓰는 표현만 쓰는 경우가 많아서, 한두 문장만 확실하게 알아도 더하기 표현은 쉽게 할 수 있을 거예요.

빨간색으로 표시된 '=' 기호는 equal, make, is 등으로 표현할 수 있어요. 그리고 덧셈의 결과물인 합계인 sum은 중요하니 꼭 기억하셔야 합니다. 간혹 total, altogether 등의 단어를 사용하기도 하지만 sum을 가장 많이 사용해요. 'What is the sum?, Total is?'라고 하면 '답이 뭐야?'라고 생각하시면 됩니다.

뺄셈 (Subtraction)

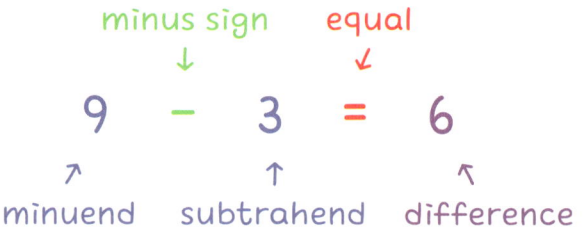

9 빼기 3은 6.

Nine minus three equals six.
Nine take away three makes six.
Three subtracted from nine is six.

뺄셈에서 가장 많이 쓰는 표현은 minus, take away, subtracted from입니다. 저는 예시처럼 비교적 간단한 뺄셈을 할 때 minus를 많이 사용해요. 문제가 복잡하거나 숫자가 커질 땐 대부분 take away를 사용하고요. subtracted from은 말로 사용하기보다는 문제집에서 주로 많이 나오는 것 같습니다.

subtracted from을 사용할 땐 주의하실 점이 하나 있어요. 맨 처음부터 읽지 않고, 빼는 수(subtrahend)를 먼저 말한 뒤 원래 숫자인 피감수(minuend)를 말해야 합니다. 예시에서도 숫자 9와 3의 순서에 주의해서 보셔야 해요. 또한 뺄셈의 결괏값은 difference라고 합니다.

곱셈 (Multiplication)

$$
\begin{array}{r}
25 \\
\times \ 4 \\
\hline
100
\end{array}
$$

25 ← multiplicand (factor)
4 ← multiplier (factor)
multiplication sign → ×
100 ← product (multiple)

25 곱하기 4는 100.

25 times four equals 100.
25 multiplied by four makes 100.
Multiplying 25 by four is 100.

'곱하다'는 times, multiplied by라고 표현합니다. multiply는 by와 함께 오고, 곱셈에서의 times는 몇 배를 의미합니다. 둘 다 많이 사용하는 표현이니 꼭 기억해 두시면 좋아요. 이번엔 위의 곱셈 수식에서 조금 난도를 높여 표현해 보겠습니다.

25 and 4 are the factors of 100.
(25와 4는 100의 약수다.)
100 is a multiple of 25 and 4.
(100은 25와 4의 배수다.)

위의 표현은 '25와 4는 100을 만들기 위한 요소이고, 100은 25와 4의 곱하기로 만들어진 숫자이다.' 등으로도 풀어 쓸 수 있어요. 위의 수식에서 나온 곱셈의 결과는 product라고 합니다.

나눗셈 (Division)

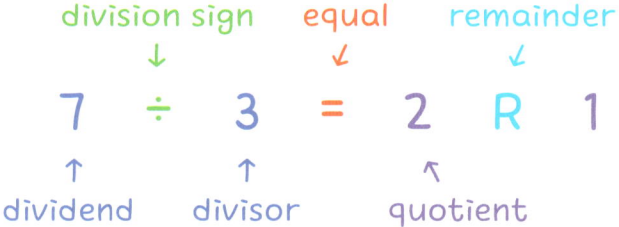

7 나누기 3은 2와 나머지 1.
Seven divided by three equals two with a remainder of one.
Seven divided by three makes two R one.

나눗셈은 divided by라는 표현을 사용합니다. '~로 나누어진다'라는 표현인데 주로 사용하는 표현이 하나뿐이라 간단해 보이지만, 나눗셈의 몫에 해당하는 quotient에 뭔가 길게 붙어있네요. 나눗셈할 때 수가 나누어떨어지지 않는 경우 남는 숫자를 나머지라고 하지요. 영어로는 remainder라고 합니다.

$$6 \div 3 = 2$$
6 나누기 3은 2.
Six divided by three is two.

이렇게 수식이 6 ÷ 3인 경우에는 2로 답이 나누어떨어지니 간단하죠. 하지만 많은 경우에는 나눗셈의 답이 나누어떨어지지 않습니다. 영어 수식에서 나눗셈의 나머지(remainder)는 간단히 이렇게 표현하기도 합니다.

$$10 \div 3 = 3 \text{ (remainder 1)}$$

생각보다 용어가 쉽지 않으셨을 수 있어요. 실제로 학교에서 addend, minuend 같은 말은 잘 사용하지 않아요. 하지만 sum, difference, product, factor는 늘 쓰이는 말이니 꼭 기억해 두시면 좋겠습니다.

사칙 연산과 결괏값을 읽는 방법

	Math operator (수학 기호)	How to say (읽는 방법)	Result (결괏값)
addition	+	plus, added to	sum
subtraction	−	minus, take away, subtracted from	difference
multiplication	×	times, multiplied by	product
division	÷	divided by	quotient (+ remainder)

여기서 우리가 궁금한 용어들이 더 있죠. 혹시 머리말에서 제가 던졌던 질문을 기억하시나요? 덧셈에서 한 자릿수 두 개를 더할 때 10이 넘어가면 '10이 넘었네. 그럼 10을 옆으로 넘겨!' 혹은 '이걸 이쪽으로 보내.' 이런 표현을 쓰죠. 이건 영어로 어떻게 할까요? 바로 **carry, borrow**를 사용하시면 됩니다. 아래의 예시에서 함께 볼게요.

```
      ①                        ①
      ↖ carry         borrow  ↗
   2 8   the one      ten   5 3
 +   3                     − 2 7
 ─────                     ─────
   3 1                       2 6
```

재배치 (Regroup)

위의 예시를 이해하시려면 재배치(regroup)란 용어를 알아야 합니다. 첫 번째 챕터에서 제가 자릿값을 말씀드렸는데 기억하시나요? 자릿값은 자리별로 숫자가 가진 실제 가치이고, 각각의 자리는 정해진 숫자의 크기가 있죠.

재배치란 두 자릿수 이상의 숫자를 더하거나 뺄 때, 그 결과가 일의 자리 혹은 십의 자리 등 **각자의 자리에서 정해진 크기의 수를 넘어가거나, 모자란 경우 숫자를 재정렬하는 과정**을 말해요. 위에 보여드린 것처럼 '옆으로 10을 넘겨. 앞에서 10을 빌려와.' 하면서요.

예시를 또 보겠습니다.

Regroup을 사용한 두 자릿수 덧셈
(Two-Digit Addition with Regrouping)

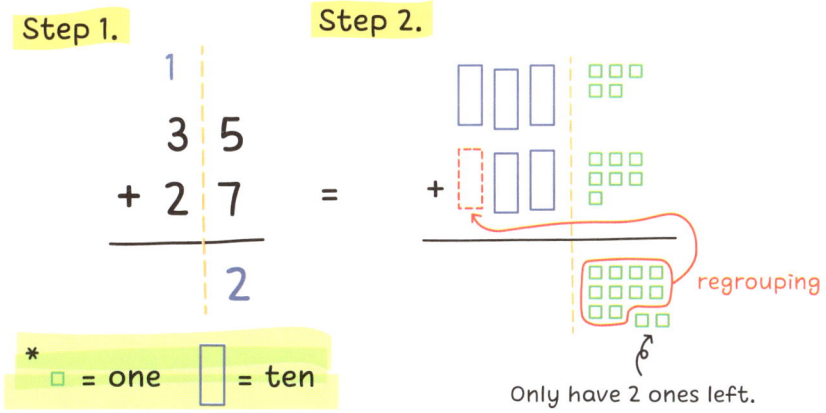

* 표에서 작은 네모는 숫자 1을 의미하고, 긴 직사각형 네모는 숫자 10을 의미합니다.

Step 1. 일의 자리에 있는 숫자를 더합니다. (Add the ones.)

Step 2. 일의 자리를 더한 숫자를 재배치해서 십의 자리로 보냅니다.
　　　　일의 자리에는 2만 남습니다.
　　　　(Regroup the ones into the tens place.
　　　　Only have 2 ones left.)

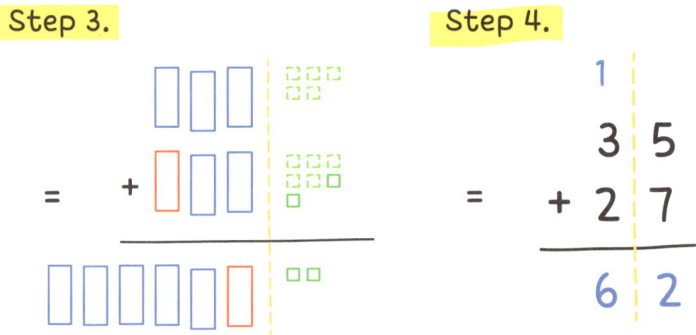

Step 3. 십의 자리에 있는 숫자를 더합니다.
　　　　(Add the tens.)

Step 4. 덧셈의 합은 62입니다. (The sum is 62.)

그림을 보니 한눈에 아시겠죠? 우리는 일의 자리 숫자인 5와 7을 더했을 때 12가 나왔기에, 재배치해서 십의 자리로 보내기(carry over to the tens place)를 합니다. 일의 자릿수에는 숫자 2만 남는 것이고, 십의 자리에 보낸 10은 더하기를 하는 거죠. 그럼 이번에는 뺄셈으로 예를 들어보겠습니다.

재배치를 이용한 두 자릿수 뺄셈
(Two-Digit Subtraction with Regrouping)

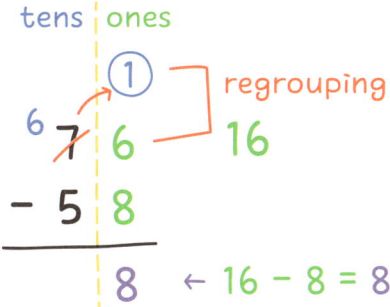

Step 1. 일의 자리 숫자 6은 8보다 작으니, 10을 십의 자리에서 빌려 옵니다. (6 is less than 8. So, borrow 10 from the tens place.)

Step 2. 6은 16이 됩니다. 16 빼기 8은 8입니다.
(6 becomes 16. 16 minus 8 equals 8.)

$$\begin{array}{r} 6 \\ \cancel{7}\,6 \\ -\,5\,8 \\ \hline 1\,8 \end{array}$$

$6 - 5 = 1 \rightarrow$

Step 3. 십의 자리 숫자 7은 6이 됩니다. 6 빼기 5는 1입니다.
(7 becomes 6. 6 minus 5 equals 1.)

Step 4. 뺄셈의 답은 18입니다. (The difference is 18.)

이제 덧셈, 뺄셈은 아이들에게 영어로 설명하실 수 있겠지요? 재배치가 필요 없는 수식은 더욱 간단하답니다. 위에서 알려드린 plus, add, minus, take away 등을 사용해서 일의 자리부터 차근차근 계산해 나가면 되니까요.

그럼 이번에는 곱셈을 영어로 풀어볼까요? 두 자릿수 곱셈의 예를 들어 보겠습니다. 이번에는 간단하고 쉬운 곱셈을 보여드리고, 재배치를 이용한 풀이법은 나중에 곱셈을 따로 다루는 챕터에서 상세히 설명해 드릴 거예요.

두 자릿수 곱셈
(Two-Digit Multiplication)

$$\begin{array}{r} 41 \\ \times\ 27 \\ \hline 287 \end{array} \leftarrow 1 \times 7 = 7$$

$$4 \times 7 = 28$$

Step 1. 일의 자리 숫자 곱하기 (Multiply the ones place)

    a) 1 곱하기 7은 7입니다. 결괏값인 7을 일의 자리에 놓습니다.
       (1 multiplied by 7 equals 7. Put the 7 in the ones place.)

    b) 4와 7을 곱하고, 결괏값인 28을 7 옆에 놓습니다.
       (4 multiplied by 7 equals 28. Then, put 28 next to 7.)

```
        41
   ×   27
   ─────
       287
4×2=8 → 820
         ↑
       1×2=2
```

Step 2. 십의 자리 숫자 곱하기 (Multiply the tens place)

    a) 일의 자리 곱셈이 끝났으므로, 일의 자리에 0을 넣어 자릿수를 채워 줍니다. (Put a zero to hold the ones place.)

    b) 1 곱하기 2는 2입니다. 2를 숫자 0 앞에 놓습니다.
       (1 times 2 equals 2. Put the 2 next to 0.)

    c) 4 곱하기 2는 8입니다. 8을 숫자 2 앞에 놓습니다.
       (4 times 2 equals 8. Put the 8 next to 2.)

```
        41
   ×   27
   ─────
       287
   +   820
   ─────
      1107
```

Step 3. 결괏값의 숫자 더하기 (Add the numbers)

그럼 마지막으로 나눗셈의 예시입니다.

두 자릿수 나누기 한 자릿수 나눗셈
(Two Digit Number Divided by a One-Digit Number)

Step 1. 숫자 2는 4에 2번 들어갑니다. 그래서 2를 4위에 놓습니다.
(2 goes into 4 two times. Put a 2 above the 4.)
* 2 x 2 = 4와 같은 맥락의 설명입니다.

Step 2. 4에서 4를 빼면 0이 됩니다. (4 minus 4 is 0.)

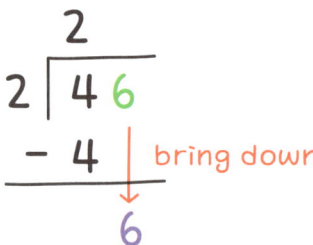

Step 3. 다음 계산할 숫자를 자릿수 구별을 위해 아래로 끌고 내려옵니다. (Bring down the next number.)

Step 4. 숫자 6안에 2가 몇 번 들어가나요? 정답은 3이므로, 숫자 3을 6위에 써 줍니다.
(How many times does 2 go into 6? Write down the number 3 above the 6.)

*2×3=6과 같은 맥락

Step 5. 6에서 6을 빼면 0이 됩니다.
(6 take away 6 makes 0.)

Step 6. 확인하세요. 가지고 내려올 남은 숫자가 없나요?
(Check. Anything left to bring down?)

어때요? 글로 보니 조금 어려우셨을까요? 수학 실력이 월등한 우리는 차근차근 한 문장씩 따라가며 읽다보면 어렵진 않아요. 최대한 다양한 표현을 정돈되게 사용하려고 노력했는데요. 여기서 기억할 부분은 나눗셈에서만 쓰이는 표현입니다.

Step 3의 '숫자 6을 아래로 끌고 내려와.'라는 문장에서 bring down 이란 표현도 많이 사용하지만, 숫자를 중간에 넣어서 carry the 6 down, drop down이라는 말도 많이 사용해요. 마지막으로 Step 6에서 하는 Anything left to bring down?이라는 질문은 나눗셈 자체가 더 이상 나누어떨어지지 않을 때까지 반복하는 연산이거나, 나머지(remainder)만 남아서 계산이 끝났음을 확인하는 질문입니다.

이번에 배울 용어들은 문장식 문제(word problem question)에 나오는 용어들입니다. 바로 주관식이지요. 주관식의 경우 더하세요, 빼세요 등의 지시어를 주지 않아요. 그럼 이 문제가 뭘 물어보는지는 어떻게 알 수 있을까요? 바로 **문제 설명 마지막에 나오는 문장**을 보시면 알 수 있는 경우가 많답니다. 수학 연산 어휘(math operator vocabulary)를 함께 배워보겠습니다.

덧셈(addition): sum, altogether, all, in all, together, total, total number, add, increase, increase by, more than

Q: There are three apples and four oranges. How many in all? (세 개의 사과와 네 개의 오렌지가 있습니다. 다 해서 모두 몇 개입니까?)

뺄셈(subtraction): minus, greater than, take away, fewer than, less than, subtract, decreased by, difference, remain, How many left...? How many less...?

Q: Here are three cubes. Take away one cube. (세 개의 큐브가 있습니다. 하나를 빼세요.)

곱셈(multiplication): product, times, multiply, multiplied by, group of

Q: There are four **groups of** three strawberries. What is the **product** of the strawberries?
(세 개씩의 딸기가 네 팩 있습니다. 딸기는 모두 몇 개인가요?)

나눗셈(division): divided by, dividend, divisor, **each**, per, average, quotient, **share**

Q: There are 12 muffins. Three students have to **share**. How many does **each** person get?
(12개의 머핀이 있습니다. 학생 세 명이 나눠 먹어야 하지요. 각 학생은 몇 개의 머핀을 가질 수 있을까요?)

결괏값(equal): the same, equals, the same as, equivalent, is equal to

문제 속에 이 단어들이 들어가면 이 문제가 무엇을 물어보는지 알 수 있습니다. 하지만 사칙 연산의 마지막 질문에는 문맥상 어디서든 **total, together** 등의 덧셈 표현이 나올 수 있다는 점은 주의하세요.

영어로 수학을 설명해 보니 어떠셨어요? 숫자만 보면 막막하지만, 풀이를 보고 나니 '아, 생각만큼 어렵지 않네?'라고 느끼셨나요? 하하. 그렇다면 성공입니다!

덧셈, 뺄셈, 곱셈, 나눗셈 용어 사용 설명서

Chapter 3

수의 표현 개념 이해
(Representing Numbers)

베스트 풀이 과정이란 없어요.
아이들이 숫자를 표현하는 데에 있어서
각자가 친숙한 방법으로 답을 구하고,
답을 구하는 것보다는 어떻게 그 수를 찾아냈는지에 대한
과정을 중요하게 생각합니다.

Chapter 3

수의 표현 개념 이해
(Representing Numbers)

캐나다의 수학 수업에서는 수를 다양하게 표현하는 것을 중요하게 생각합니다. **그래서 암산(mental math)보다는 문제 풀이 과정을 중요하게 여겨요.** 문제 풀이 과정에서 빼놓을 수 없는 것이 숫자의 재해석(representing numbers), 즉 수를 다양하게 표현하는 방법입니다.

초등학교 저학년까지는 '이 수를 다양한 방식으로 표현하세요.'라고 늘 물어보고요. 고학년부터는 이처럼 다양하게 표현된 방식의 수를 문제 풀이 과정에 응용하게 됩니다.

일단 숫자의 재해석이 뭔지 한눈에 볼 수 있게 예시를 보여드릴게요.
저는 숫자 7을 좋아하니 7을 사용하겠습니다.

숫자 7을 표현하는 여러 가지 방법
(Ways to Represent the Number 7)

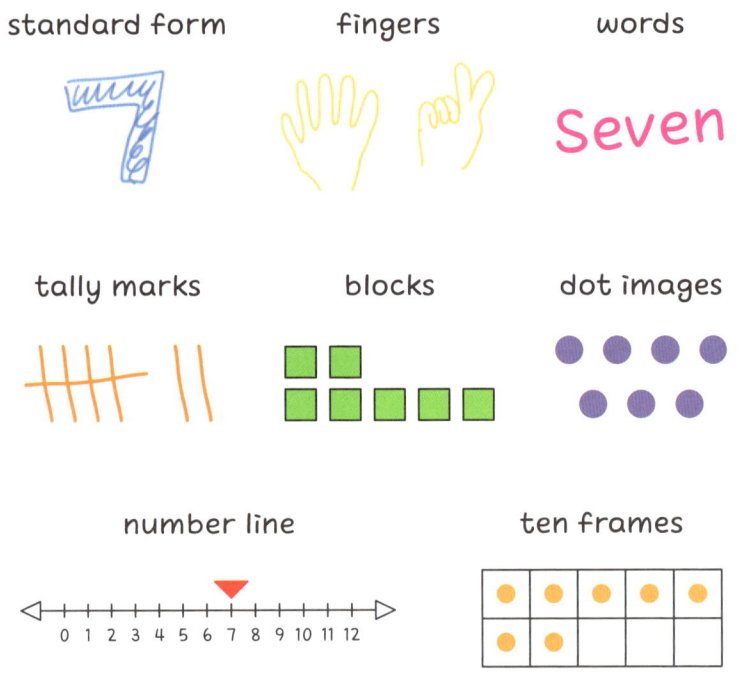

한눈에 숫자가 보이시나요? 초등학교 저학년 때는 그림의 형태로 숫자를 이해합니다. 더하기, 빼기 개념도 다양한 방법의 숫자 표현을 통해 배우게 되지요. 그럼 좀 더 높은 수의 표현은 어떨까요? 여기서부턴 별표 하셔야 할 만큼 중요한 부분입니다. 세 자리 숫자 이상을 한번 볼게요.

세 자리 숫자를 표현하는 여러 가지 방법
(Ways to Represent 3-Digit Numbers)

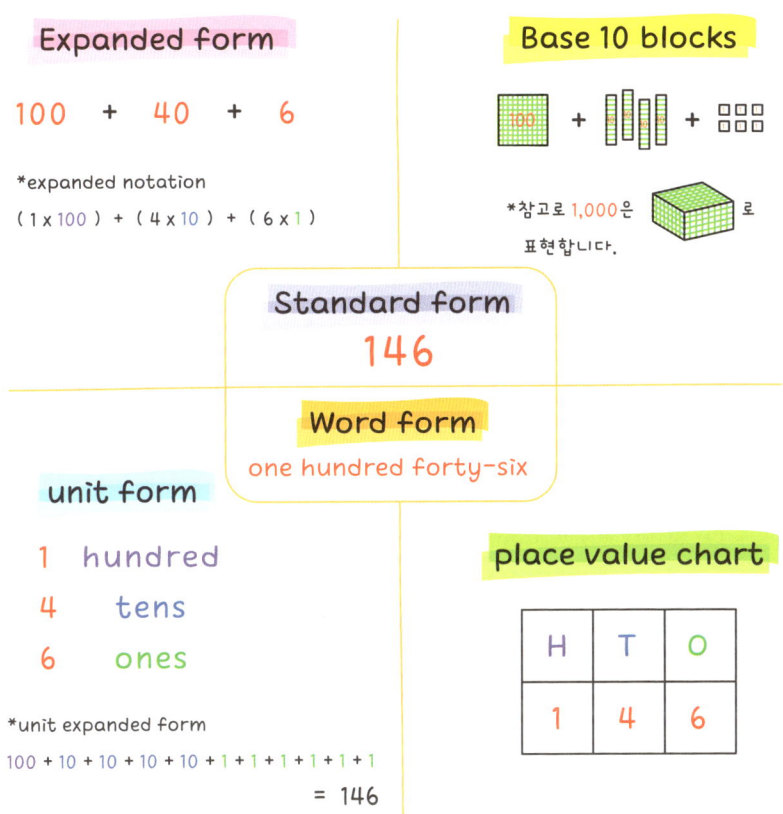

이 표에서 한 가지 특징이 보이시나요? 네, 맞아요. 캐나다에서는 수를 쪼개는 것을 참 좋아합니다. 이 숫자가 어떻게 이루어졌는지 계속 질문해요. 간단한 덧셈 문제도 숫자를 잘게 하나씩 쪼개서 답을 구합니다. 그냥 암산으로 하면 1초면 답이 나올 문제도 굳이 과정을 길게 늘여요.

그런데 여기서 베스트 풀이 과정이란 없어요. 아이들이 숫자를 표현하는 데에 있어서 각자가 친숙한 방법으로 답을 구하고, **답을 구하는 것보다는 어떻게 그 수를 찾아냈는지에 대한 과정을 중요하게 생각합니다.**

위 그림에서 제일 중요한 것은 자릿값인데요. 모두 다른 방식으로 표현이 됐지만, 결국은 모두 자릿값을 나타내고 있습니다. Chapter 1에서 백의 자리, 십의 자리, 일의 자리를 구별하는 법을 잠깐 짚고 넘어왔는데 기억하시나요? 캐나다 학교에서는 이걸 끊임없이 다른 방식으로 답을 구하는 과정을 연습합니다.

그럼 어떻게 수를 쪼개서 풀까요? 실제로 영어 질문에서도 쪼갠다는 의미로 **break apart**라는 표현을 사용해요. 문제 풀이 예시를 보여드릴게요.

> Q: What do we get when we break apart 28 plus 72 using **place values**? (자릿값을 이용하여 28 더하기 72를 어떻게 풀이할 수 있을까요?)
>
> A: 2 tens + 7 tens + 8 ones + 2 ones

또는 문제가 이렇게 나올 수도 있지요.

> Q: Breaking apart three-digit addition problem.
> (세 자릿수 덧셈을 풀어 써 보세요.)
> 365 + 117

A: 300 + 100 + 60 + 10 + 5 + 7

또 다른 예시입니다. 이 블록들도 자릿값대로 수를 배열하였습니다.

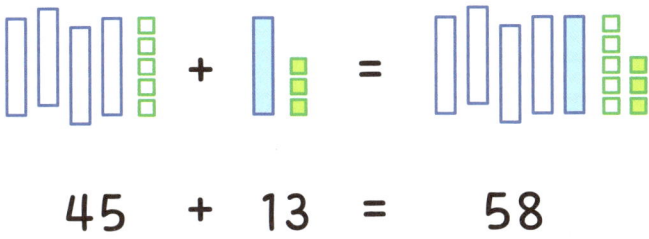

45 + 13 = 58

이번에는 정말 많이 쓰이는 라인 차트로 보겠습니다.

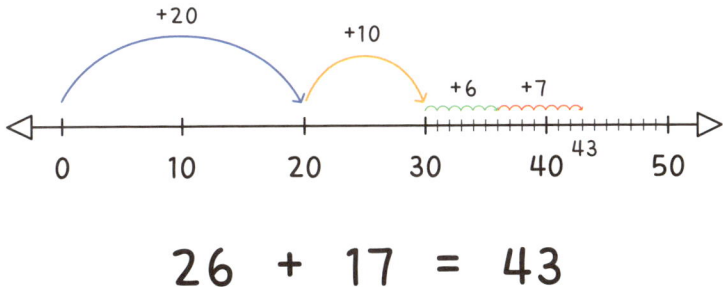

26 + 17 = 43

위의 라인 차트를 보시면 자릿값에 따라 십의 자리를 먼저 계산하고 그 다음 일의 자리를 추가하기 시작했어요.

이번엔 자릿값을 이용해서 문장(word problem)으로 문제를 내 볼 거예요.

Q: What number has one tens and eight more ones than tens? (십의 자리 숫자가 1이고, 일의 자리 숫자가 십의 자리 숫자보다 8 많은 수는?)

Q: What number has six thousands, no hundreds, one more ten than thousands, and one more one than tens? (천의 자리 숫자가 6이고, 백의 자리는 0, 십의 자리는 천의 자리보다 1이 많고, 일의 자리는 십의 자리보다 1이 많은 수는?)

각 문제에 대한 답은 19, 그리고 6078입니다.

이번엔 패턴 문제를 보시죠.

자릿값 증가에 따른 뺄셈 패턴
(Subtraction Patterns over Increasing Place Values)

( ) − 1 = 8
9 ones minus 1 one equals 8 ones
( ) − 10 = 80
9 tens − 1 ten = 8 tens
( ) − 100 = 800
9 hundreds − 1 hundred = 8 hundreds
( ) − 1,000 = 8,000
9 thousands − 1 thousand = 8 thousands

문제를 어떻게 읽어야 할지 함께 적어 두었으니 몇 번 연습해 보시면 입에 착착 달라붙을 거예요. 이제 학교에서 수의 표현을 어떻게 가르치는지 감이 오시나요?

제가 책을 작업하느라 표를 그리고 있으면 초등학교 5학년인 딸이 옆에서 외칩니다. "Mommy, I do this at school every day! (엄마, 나 이거 학교에서 매일 하는 거야!)" 5학년인 딸은 지금은 네 자릿수를 다루고 있지만 학기마다 배우는 콘셉트 자체는 같아요. Place value! 숫자를 쪼개고 나누기입니다.

이어서 활용할 수 있는 것은 바로 **친숙한 숫자(friendly number)**입니다. 쉽게 말해서 **뒷자리가 0으로 끝나는 숫자**예요. 10, 20 혹은 100, 200, 300 등 우리가 흔히 볼 수 있는 숫자지요. 숫자를 쪼개는 것을 좋아하는 캐나다에서는 먼저 친숙한 숫자를 만든 후에 계산하는 법을 풀이 과정으로 배웁니다. 아래는 가장 기초적인 원리를 설명한 표인데요. 캐나다에서 학교를 다닌 1학년이라면 누구나 한 번쯤 접했을 유명한 레인보우 차트를 약간 변형해서 만들어 봤어요.

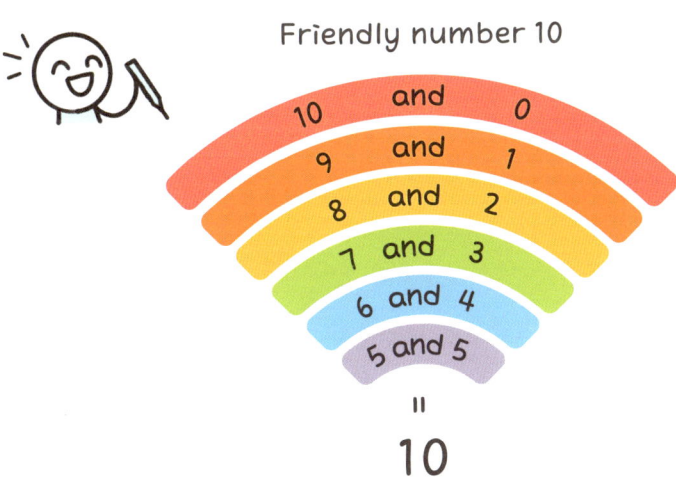

느낌이 오시나요? 두 숫자를 더해 10을 만드는 거예요. 먼저 아이들은 열 손가락을 가지고 부지런히 10을 만드는 연습을 하고요. 나중에는 8이 10이 되기 위해서는 2가 필요하다는 것을 자연스럽게 알게 됩니다. 이 원리로 무궁무진한 문제 풀이가 가능해집니다. 예를 보여드릴게요.

친숙한 숫자를 이용한 덧셈
(Addition Numbers by Friendly Number)

$$63 + 7$$
$$= (60 + 3) + 7$$
$$= 60 + (3 + 7)$$
$$= 60 + 10 \leftarrow friendly\ number$$
$$= 70$$

또 다른 예시입니다.

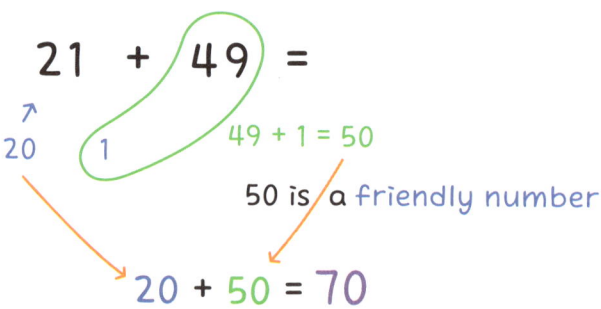

이 과정에서는 계속해서 숫자 10의 배수를 만든 뒤, 나머지 숫자를 더했어요.

이번엔 라인 그래프를 이용한 예시입니다.

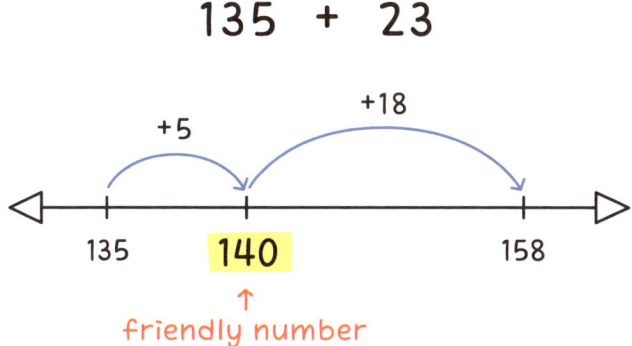

친숙한 숫자를 설명하기 위해서는 보정(compensation)이라는 개념을 알아야 합니다. 위의 라인 그래프에서 보셨듯, 문제에서 135에 23이란 숫자를 더하기 전에 숫자 5를 먼저 더해서 140을 만들어 줬어요. (135 + 5 = 140) 그리고는 23에서 5를 뺀 숫자인 18을 140에 더하면서 158이란 답을 찾았지요. (140 + 18 = 158)

이처럼 보정이란 친숙한 숫자를 만들기 위해서 더했던 숫자만큼 다시 빼야 한다는 뜻입니다. 굉장히 당연한 원리지만 말로 설명하면 헷갈릴 수 있으니 예시로 한 번 더 연습해 볼게요.

$$297 + 115$$
$$+3 \quad -3 \leftarrow \text{compensation}$$
$$300 \quad 112 = 412$$

↑
friendly number

이제 보정(compensation)이 무엇인지 한눈에 들어오시죠? 친숙한 숫자를 만들기 위해 가상의 숫자를 더해 줬다가, 그만큼을 다시 빼는 것! 문제 사이에 또 다른 과정이 하나 들어가는 거죠. 계속해서 문제 예시를 좀 더 보여드릴 거예요. 자릿값과 친숙한 숫자를 응용해서 문제를 푸는 방법은 정말 많아요. 이번에는 라인 차트로 보겠습니다.

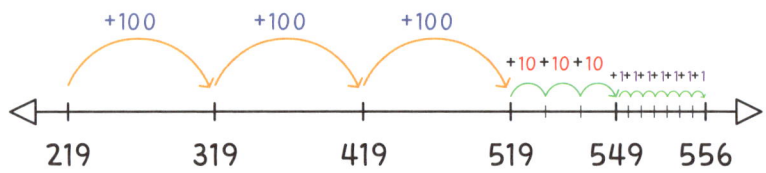

답 100+100+100+10+10+10+1+1+1+1+1+1+1
= 337

응? 뺄셈인데 왜 219부터 답을 구할까요? 좀 이상하게 느껴지시겠지만 이 예시야말로 수에 대한 개념 이해가 왜 꼭 필요한지를 보여줘요. 뺄셈이란 본질적으로 두 숫자를 비교해서 얼마나 차이가 나는지를 찾는 과정이죠. 시작은 작은 수부터, 또는 가장 큰 단위인 100까지 친숙한 숫자를 더해 나가는 겁니다. 물론 한 번에 300을 더해볼 수도 있지만, 이 과정을 통해 쪼개서 더하고, 또 쪼개서 더합니다. 그래서 십의 자리, 일의 자리까지 가면 답에 도달하는 거죠.

그럼 이런 숫자 쪼개기가 곱셈과 나눗셈에도 적용이 가능할까요? 물론이죠.

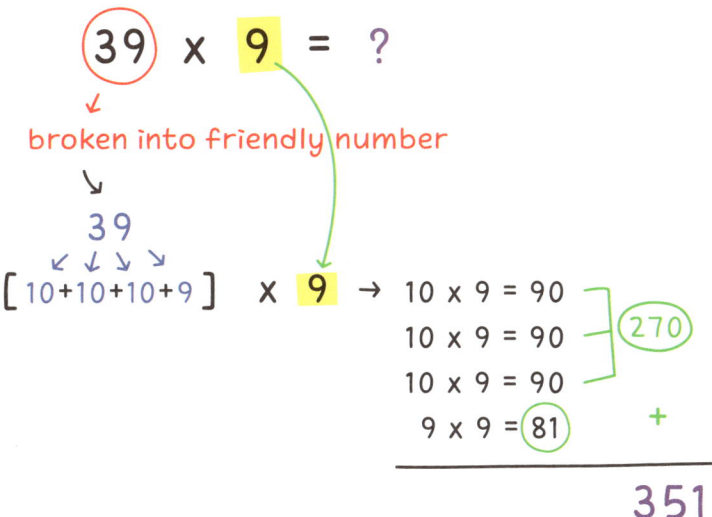

학교에서는 이런 문제의 답보다는 풀이 과정을 봅니다. 또 이걸 말로 설명하라고 늘 요구해요. 위의 방법대로라면 이렇게 설명할 수 있어요.

The number 39 is broken into 10, 10, 10 and 9. Then each of these friendly numbers are each multiplied by 9. After that, these totals are added together.
(숫자 39는 10, 10, 10, 9로 쪼개어집니다. 그리고 각 숫자를 9로 곱해 줍니다. 마지막으로는 곱해진 숫자의 합을 모두 더해서 최종 답을 구합니다.)

이렇게 풀이 과정을 말로 설명하라고 하면 아이들이 어려워해요. 하지만 몇 번 하다 보면 금세 늘어요.

마지막으로 나눗셈에서 친숙한 숫자가 쓰이는 방법에 대해 살펴볼까요?

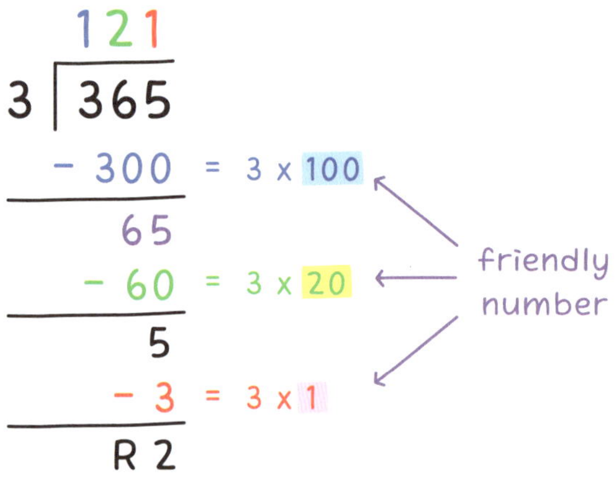

```
     1 2 1
  3 ) 3 6 5
    - 3 0 0    = 3 × 100
      ‾‾‾‾‾
        6 5
      - 6 0    = 3 × 20
        ‾‾‾
          5
        - 3    = 3 × 1
        ‾‾‾
        R 2
```

friendly number

이렇게 우리가 무심코 풀이했던 수학 문제에서 친숙한 숫자가 이미 쓰이고 있었네요. 많은 경우에 친숙한 숫자는 자릿값과 동시에 사용되기도 합니다. 일의 자리를 제외한 자릿값을 나타내는 숫자는 모두 십의 배수가 되니까요.

자릿값을 이용한 예시를 하나 더 보여드릴게요.

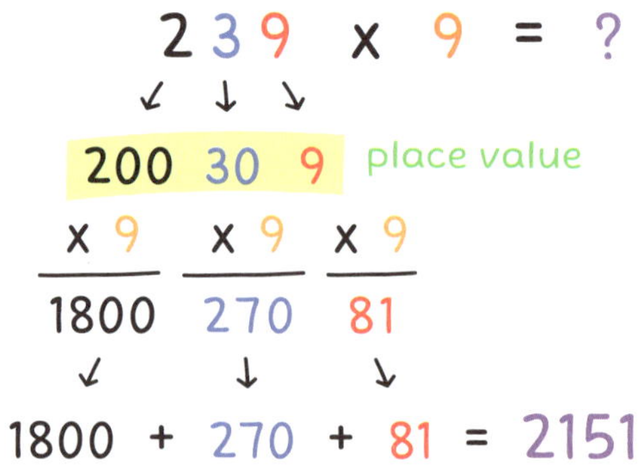

$$239 \times 9 = ?$$

200　30　9　　place value
× 9　× 9　× 9
1800　270　81

1800 + 270 + 81 = 2151

이 예시를 문장으로 풀어 볼게요. 먼저, 239를 200, 30, 9로 쪼갭니다. 200과 9를 곱하면 1,800이 되고, 십의 자리의 자릿값인 30과 9를 곱하면 270이 됩니다. 그리고 일의 자리의 9와 9를 곱하면 81이 되고, 마지막으로 모두를 더합니다.

이 개념들만 이해하셔도 아이들 수학 공부 봐주는 게 훨씬 수월해집니다. 수학 연산의 기본기만 탄탄하면 학교에서 수학 잘하는 아이가 되는 것도 어렵지 않고요! 아이와 함께 문제 풀이 방식을 꾸준히 설명하는 걸 연습해 보시길 바랍니다.

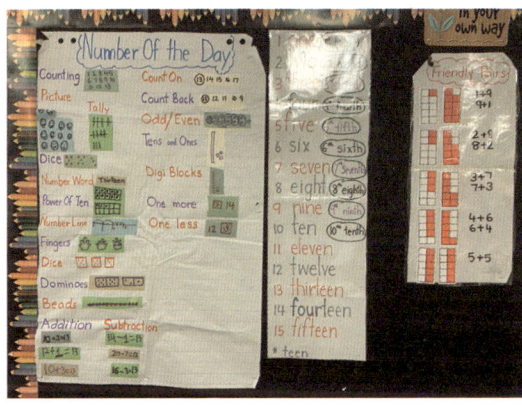

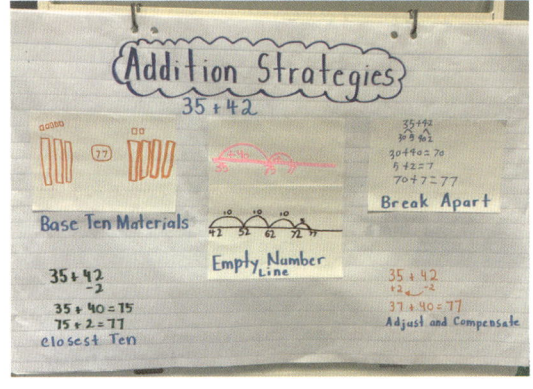

사진:
1학년과 3학년의 수학 시간
(Math Class in
1st and 3rd Grade)

사진: Spirit Week 포스터

재미있는 캐나다 교실의
Spirit Day or Week

매일 똑같은 학교생활이 계속되면 아이들도 지루하겠죠? 그래서 캐나다 학교에서는 가끔 Spirit Day 혹은 Spirit Week 행사를 해요! 주제를 정하고 학생들이 그 주제에 맞게 꾸미고 오는 날입니다. 올해 제가 일하는 학교에서는 겨울 방학 전 3일 동안 짧은 Spirit Week가 있었어요.

월요일은 Dress like Staff Day, 화요일엔 Festive Day라고 해서 빨강과 초록이 들어간 크리스마스 색상이나 산타 모자 등 크리스마스와 관련된 물건으로 꾸미고 오는 날이에요. 방학 전 마지막 날이었던 수요일엔 Pajama/Slipper Day를 보냈어요. 많은 선생님이 방학 전날에는 영화를 보여주거나 편안하고 재미있게 하루를 보내는 편이에요. 아래에서 Spirit Day가 어떤 주제로 진행되는지 소개해 볼게요!

Pajama Day
하하! 말 그대로 파자마 입고 학교에 오는 날이에요. 위아래가 붙어있는 동물 우주복 스타일부터, 한국에선 내복이라고 부르는 면으로 된 잠옷까지 다양하게 입고 옵니다.

Crazy Hair Day
머리에 뭐든 할 수 있는 날이에요. 땋고 와도, 삐죽삐죽 세우고 와도 됩니다! 일회용 염색약으로 염색하고 오는 아이들도 있답니다.

Favorite Hat Day
좋아하는 모자를 쓰고 오는 날이에요. 제 아이는 어릴 때 한참 자전거를 좋아했던 터라 자전거 헬멧을 쓰고 간 적도 있답니다!

Inside Out Day
이날은 준비가 너무 쉬워요. 옷을 뒤집어서 입기만 하면 되니까요.

Wacky Sock Day
이날은 알록달록한 양말을 신고 학교에 가는 날이에요. 캐나다에 와서는 이벤트성 옷들을 하나씩 사 두게 되는데요. 알록달록하면서 긴 양말을 하나씩 쟁여 두면 이럴 때 쓸모가 있어요.

Jersey or Sports Day
이날은 좋아하는 팀의 유니폼(jersey)을 입거나 스포츠 관련 옷을 입어요. 티셔츠에 농구공 하나만 그려져 있어도 "오! 넌 농구 좋아하니?" 이렇게 지나가다 아는 척도 하고 서로 웃는답니다.

이 많은 Spirit Day 중에 저희 아이들과 제가 가장 기억에 남는 건 'Decades Day'였어요. 60, 70년대 등 시대를 정해서 그 당시 패션으로 꾸미는 날이었는데 핀터레스트(Pinterest)와 구글(Google)을 찾아가면서 60년대 레트로 스타일을 입히느라 매우 애썼던 기억이 나네요.

학교에서 하는 행사는 그냥 모두가 같이 즐기자는 의미라서 강제성은 전혀 없어요. 아이들도 주제에 맞게 스스로 자기가 좋아하는 걸로 꾸미고 온답니다. 수줍음이 많은 아이는 그냥 오기도 해요. 또한 소개해 드린 예시들은 일부일 뿐이고 학교마다 다양한 주제들이 있답니다.

사진: Festive Day에 크리스마스 선물로 꾸미고 온 아이

재미있는 캐나다 교실의 Spirit Day or Week

Chapter 4

곱셈
(Multiplication)

아이들이 곱셈을 배워야 하는 이유에 대해서 선생님이 설명해요.
"계속 숫자 2를 여러 번 더하기만 하는 건 지루하지 않아?
그래서 곱셈이 필요해. 곱셈은 더 빠르고 쉽거든!"

Chapter 4

곱셈 (Multiplication)

이번엔 곱셈입니다. 사실 앞에서 배운 챕터 내용만으로도 학교에서 사칙 연산을 어떻게 얼마나 다양한 방법으로 가르치는지 아실 거라는 생각이 들어요. 그래도 곱셈을 통해 또 배워야 할 부분이 있어 자세하게 살펴보려고 합니다.

선생님이 "사탕 2개 더하기 2개는 모두 몇 개일까?"라고 질문하면 덧셈을 배운 아이들은 4개라고 쉽게 대답해요. "그럼 2 + 2 + 2는?" 6이란 답도 바로 나와요. 이런 질문을 여러 번 반복하면 아이들 입에서 8, 10이라는 답도 쉽게 나와요.

그럼 이제 아이들이 곱셈을 배워야 하는 이유에 대해서 선생님이 설명해요. "계속 숫자 2를 여러 번 더하기만 하는 건 지루하지 않아? 그래서 곱셈이 필요해. 곱셈은 더 빠르고 쉽거든! (Don't you think it's too boring to add 2s so many times? This is why we need the multiplication. It is an easier and faster way to do this!)"

이제 곱셈을 나타내는 여러 가지 방법을 한번 살펴볼까요?

곱셈을 다양하게 표현하는 방법, 2 x 5 = 10의 예시
(Various Ways to Represent Multiplications, 2 x 5 = 10)

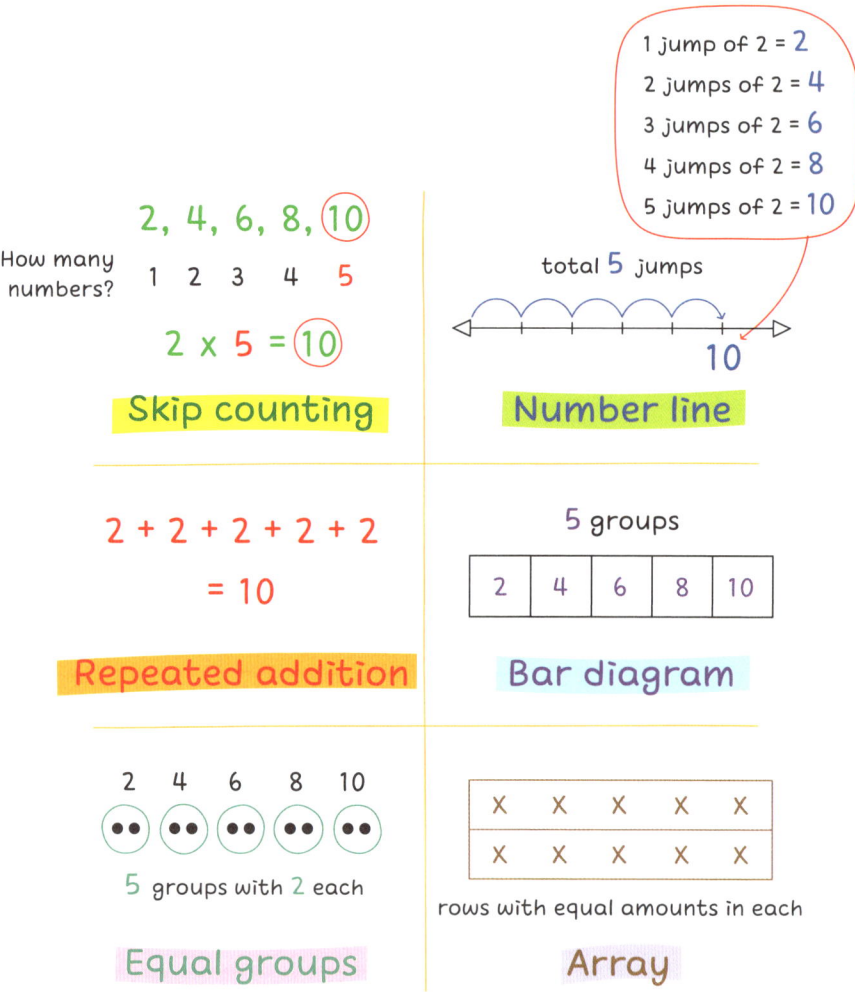

차트를 보니 뛰어 세기, 덧셈 이용하기 등 다양한 방법으로 곱셈을 표현할 수가 있네요.

이번엔 다시 선생님이 질문했던 사탕 문제로 돌아가서 다른 그림을 한 번 살펴볼게요. 사탕 10개가 있어요. 곱셈을 표현하려면 어떻게 해야 할까요? 이번엔 위의 차트에 있는 동일한 그룹(equal groups) 방식을 이용해 보도록 하겠습니다.

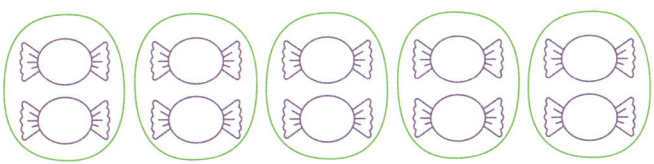

2 x 5 : Five groups of two

5 x 2 : Two groups of five

여기서 잠깐! 앞에서 공식 읽는 법은 알려드렸지만, 한 번 더 확인하고 갈까요?

> Two times five equals ten. (2 x 5 = 10)
> Five multiplied by two makes ten. (5 x 2 = 10)
> Multiplying two by five is ten. (2 x 5 = 10)
> Two fives are ten. (2 x 5 = 10)

2와 5는 인수, 즉 factor라고 부르고 10은 결과물인 product라고 부릅니다. 이 두 가지 용어는 자주 사용되니 꼭 기억해 주세요.

곱셈 (Multiplication)

우리는 위의 그림으로 굉장히 중요한 곱셈 규칙(properties of multiplication) 중 첫 번째를 배우게 됩니다. 다른 곱셈 규칙도 한번 같이 보실 거예요.

1. 교환 법칙 (commutative property)

a x b = b x a 라는 사실이지요. 곱셈에서 곱하는 순서가 바뀌어도 결과물인 사탕의 총개수는 변하지 않습니다.

2. 결합 법칙 (associative property)

인수인 factor가 3개 이상일 경우에 어떤 것을 먼저 곱해도 결괏값은 동일합니다.

(2 × 5) × 7 = 70

2 × (5 × 7) = 70

3. 분배 법칙 (distributive property)

a x (b + c) = ab + ac

이 3번 규칙이 매우 중요해요. 두 가지 인수를 곱할 때 한 인수의 숫자의 합을 다른 인수와 곱하면, 결괏값은 숫자를 각각 곱한 뒤 더한 값과 동일합니다. 말로 설명하니 좀 어려우시죠? 예시를 보며 설명해 드릴게요.

Q: 4 × 6 = 24

Step 1. 4 × 6 = 4 × (2 + 4) = 24

인수 6을 '2와 4'라는 두 숫자의 합으로 바꾸어 보겠습니다. (Change the factor 6 into the sum of 2 and 4.)

Step 2. 4 × 6 = (4 × 2) + (4 × 4) = 24

2와 4에 다른 인수인 '4'를 각각 곱해 보겠습니다.
(Multiply the other factor 4 to 2 and 4.)

Step 3. 4 × 6 = 8 + 16 = 24

각각 곱한 값인 8과 16을 더해 보겠습니다.
(Add the products which are 8 and 16.)

3번의 분배 법칙이 중요한 이유는 앞에서 저희가 배운 친숙한 숫자(friendly number)와 자릿값을 적용할 때 필요하기 때문이에요. 예시로 설명해 드릴게요.

$$2 \times 123 = 2 \times (100 + 20 + 3)$$

(place value / expanded form, friendly number)

$$= (2 \times 100) + (2 \times 20) + (2 \times 3)$$

(distributive property)

$$= 200 + 40 + 6$$

$$= 246$$

느껴지시나요? 규칙들이 연결되는 기분 좋은 느낌! 보세요. 먼저 곱해지는 숫자 123을 자릿값을 이용해 쪼개어 줬더니 친숙한 숫자(friendly number)로 구성이 되었습니다. 그리고 나서는 3번의 분배 법칙의 논리에 맞게 쪼개진 숫자들을 각각 곱해준 것이지요. 문제에 접근하는 다양한 방식에 대한 감이 좀 오시나요? 원리만 알면 간단합니다!

그럼 이번에는 숫자를 더 잘게 쪼개도 가능한지 함께 볼까요? 물론 미리 말씀드리면 가능합니다!

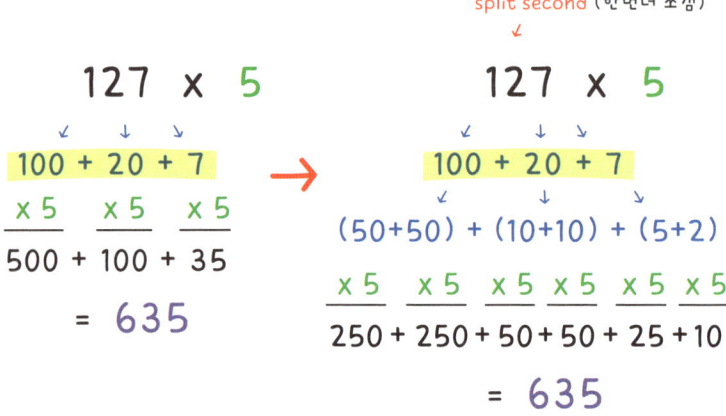

이번엔 면적 모형(area model)을 이용해 곱셈을 해보겠습니다. 학교에서 매우 많이 쓰는 모형 중 하나예요.

형태는 다르지만 위에서 보여드렸던 것처럼 숫자를 작게 나누어서 계산했다는 걸 알 수 있습니다. 분배 법칙은 어떤 식으로 문제가 나오는지 같이 보겠습니다.

분배 법칙 문제 (Distributive Property Question)

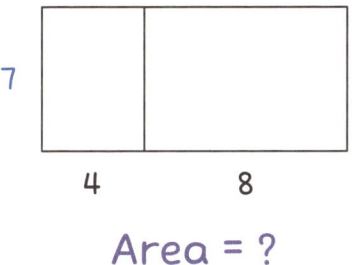

Area = ?

Q: 분배 법칙을 이용해 면적을 구하세요.
　(Use the distributive property to get the area.)

답을 어떻게 구하면 될까요? 그냥 84라고 정답을 쓰면 될까요? 아니요. 그럼 분배 법칙을 사용하지 않았기 때문에 틀렸다고 하거나, 절반만 점수를 받을 수도 있어요. 답은 이렇게 아래처럼 쓰시면 됩니다.

A: $7 \times (4 + 8) = (7 \times 4) + (7 \times 8) = 84$

수식을 세울 수 있어야 과정을 아는 것이고, 과정을 알아야 이해했다고 할 수 있는 거니까요. 특히 이 분배 법칙은 고학년 때 배우는 방정식에서도 끊임없이 나와요. 그러니 기초부터 차근차근 익혀 놓는 것이 매우 중요하답니다.

Fun fact! 규칙은 사실 이게 다가 아니에요. 곱셈의 재밌는 원리 두 가지를 더 알려드릴 거예요. 너무 쉬운 이야기라서 아마 다들 아실 이야기라 Fun Fact라고 이름을 붙여봤어요.

Fun Fact 1. 어떤 숫자라도 숫자 1을 곱할 경우 원래의 숫자가 답이 된다.
Fun Fact 2. 어떤 숫자라도 숫자 0을 곱할 경우 결괏값은 언제나 0이다.

다시 문제 풀이로 돌아가 볼게요. 곱셈에서의 문제 푸는 원리는 매우 간단합니다. 앞에서 배웠던 재배치(regroup)를 하느냐 마느냐로 결정되지요. 앞에서 간단히 다루었지만 곱셈 과정을 보면서 한 번 더 정리해 보면 좋겠습니다.

재배치를 사용하지 않은 곱셈
(Multiplication without Regrouping)

너무 단순하죠. 일의 자리부터 순서대로 곱해 나가는 방식입니다. 단, 자리마다 곱하는 값은 한자리 숫자여야 합니다. 두 자릿수인 10 이후부터는 숫자를 넘겨(carry over)야 하니까요. 이 곱셈은 재배치도, 넘기기도 필요가 없습니다.

Step 1. 일의 자리를 곱해 줍니다.
　　　　(Multiply ones.)

```
   2 4
 ×   2
 ─────
     8
```

Step 2. 십의 자리를 곱해 줍니다.
    (Multiply tens.)

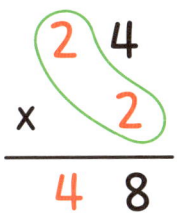

재배치를 사용한 곱셈 (Multiplication with Regrouping)

재배치가 필요한 곱셈도 일의 자리부터 각 자리의 숫자를 순서대로 곱해 나가는 것은 똑같습니다. 하지만 해당 자릿값보다 더 큰 수가 오게 되면 그 수를 묶어서 일의 자리에서 십의 자리로, 십의 자리에서 백의 자리로 보내게 됩니다. 그렇게 보내기 위해서 숫자들의 재배치가 필요한 거고요. 이번에도 제가 그림으로 최대한 알기 쉽게 표현해 보겠습니다.

Step 1. 일의 자리를 곱해 줍니다. (Multiply ones.)

$4 \times 6 = 24$

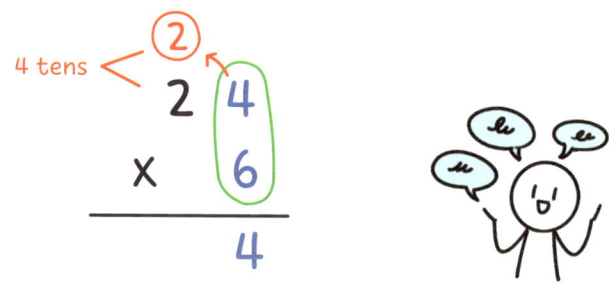

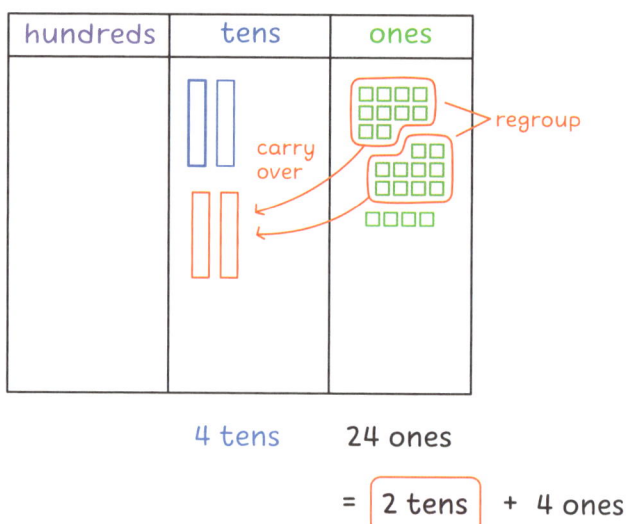

일의 자리를 벗어나는 숫자인 20은 재배치해서 십의 자리로 보내 줍니다. (The number 20, which is over the ones place, can be regrouped and sent to the tens place.)

Step 2. 십의 자리를 곱해 줍니다. (Multiply tens.)
(20 × 6) + 20 = 140

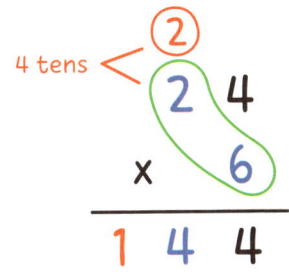

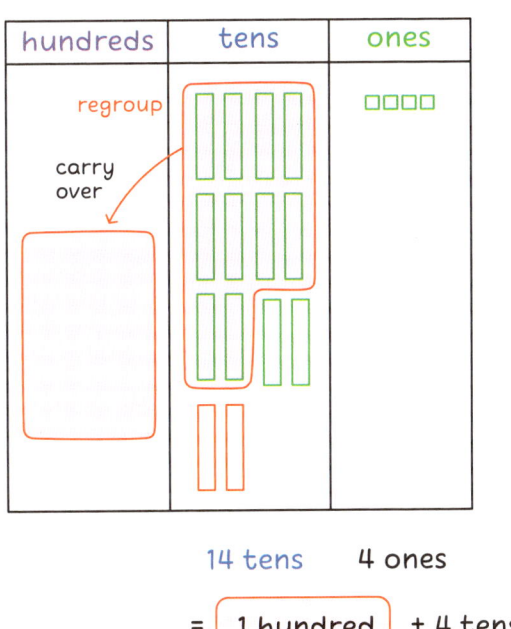

일의 자리에서 넘어온 20까지 더해져 십의 자리가 140이 되었으므로, 100을 백의 자리로 재배치해서 보내 줍니다. (The number 20, carried over from the ones place, added to the tens place to become 140. Therefore, it was carried over to the hundreds place as 100.)

곱셈 (Multiplication)

이해가 되셨지요? 사실 저희가 다 아는 내용일 거예요. 다만 우리는 "숫자를 앞으로 보내서 십의 자리를 더해." 이렇게 공식처럼 배웠었죠. 그림으로 보니 이해가 훨씬 쉽지 않나요? 선생님은 이 모든 과정을 수업 시간에 일일이, 길게 나누어 설명합니다. 진도를 빨리 나가려고 해도 빠를 수가 없어요.

곱셈표 (Multiplication Table)

X	1	2	3	4	5	6	7	8	9	10
1	1	2	3	4	5	6	7	8	9	10
2	2	4	6	8	10	12	14	16	18	20
3	3	6	9	12	15	18	21	24	27	30
4	4	8	12	16	20	24	28	32	36	40
5	5	10	15	20	25	30	35	40	45	50
6	6	12	18	24	30	36	42	48	54	60
7	7	14	21	28	35	42	49	56	63	70
8	8	16	24	32	40	48	56	64	72	80
9	9	18	27	36	45	54	63	72	81	90
10	10	20	30	40	50	60	70	80	90	100

곱셈표입니다. 우리에게는 익숙한 구구단표이기도 하지요. 곱셈에 익숙하지 않은 아이들은 이런 표를 이용해서 답을 찾아내기도 합니다.

학교에서는 구구단을 외워야 한다고 전혀 강조하지 않아요. 선생님은 "필요하면 곱셈표를 참고해." 정도로만 말씀하신답니다. 표의 행과 열에서 숫자를 선택하고, 두 숫자가 만나는 지점이 곱셈의 답이지요.

실제로 수업에서 숫자에 느린 아이들은 곱셈표를 일일이 손으로 짚어가며 답을 찾아요. 조금은 느리지만 각자의 속도에 맞게 배우는 곳이 캐나다 학교입니다. 물론 저는 한국에서 나고 자란 한국 엄마이기에 처음에는 이 부분을 100% 찬성하진 않았어요. 그런데 아무리 느린 아이들이라고 해도 계속되는 반복을 거치다 보니 4, 5학년쯤 되면 자연스럽게 구구단을 다 외우게 되긴 하더라고요. 물론 개인마다 속도 차이는 있긴 하지만요.

그러면 여기서 궁금하신 게 있을 것 같은데요. "캐나다에서는 일반적으로 사용하는 곱셈 계산법은 쓰지 않나요?" 물론 사용합니다. 표준 곱셈 연산(standard multiplication algorithm)이라고 불러요. 혹시 가정에서 아이들을 연습시키고 싶으시면 구글에 standard multiplication algorithm questions라고 검색하시거나, 간단하게 long multiplication worksheet라고 찾아보시면 인터넷에 출력할 수 있는 문제들이 아주 많으니 확인해 보시기 바랍니다.

Chapter 5

나눗셈
(Division)

나눗셈이야말로 아이들이 많이 쓰는 연산이에요.
뭘 먹을 때 공평하게 먹으려면 똑같이 나눠야 하잖아요.
친구들과 놀이하면서 편을 나눌 때도 그렇고요.

Chapter 5

나눗셈 (Division)

이제 division, 나눗셈으로 들어가 보도록 하죠. 나눗셈이야말로 아이들이 많이 쓰는 연산이에요. 뭘 먹을 때 공평하게 먹으려면 똑같이 나눠야 하잖아요. 친구들과 놀이하면서 편을 나눌 때도 그렇고요. 아이들은 공평하지 않은 것을 가장 못 견뎌 하니까요. 실제로 아이들이 제일 많이 하는 말이 "It's unfair! (불공평해!)"기도 하고요. 하하.

나눗셈은 곱셈과 밀접하게 관련이 있어요.
Chapter 4 앞부분으로 돌아가서 선생님이 사탕 세기에 대해 질문했던 것과 같은 그림을 활용해 다시 볼게요.

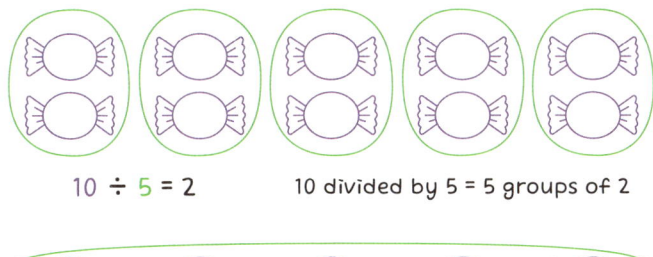

10 ÷ 5 = 2   10 divided by 5 = 5 groups of 2

10 ÷ 2 = 5   10 can be separated into 2 groups of 5

Ten divided by five equals 5 groups of 2.
(10 나누기 5는 2개씩 5개의 묶음과 같다.)

Ten can be separated into 2 groups of 5.
(10은 5개씩 2개의 묶음으로 나눌 수 있다.)

어때요? 같은 그림이지만 전혀 다른 공식이 나오죠? 하나는 곱셈, 하나는 나눗셈으로요. 같은 수의 덩어리가 합쳐지느냐, 쪼개지느냐에 따라 곱셈이 되기도 하고 나눗셈이 되기도 합니다. 이 개념을 **연관된 수의 무리(fact family)**라고 불러요.

간단히 공식화해 보면 다음과 같습니다.

$$a \times b = c$$
$$c \div b = a$$

조금 더 자세히 풀어 볼게요. 2, 6, 12라는 세 숫자로 예를 들어 보겠습니다.

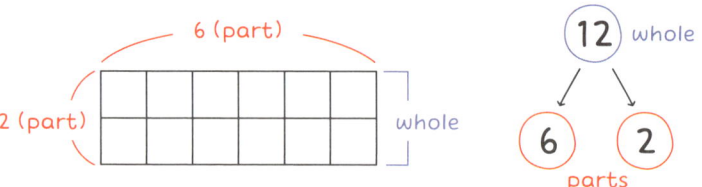

곱셈과 나눗셈의 Fact family

part	x	part	=	whole		whole	÷	part	=	part
2	x	6	=	12		12	÷	2	=	6
6	x	2	=	12		12	÷	6	=	2

곱셈과 나눗셈은 밀접한 관련이 있죠? 그래서인지 곱셈을 잘하는 아이가 확실히 나눗셈도 잘합니다. 그럼 학교에선 어떻게 나눗셈을 가르치기 시작할까요?

아까 말씀드렸듯 나눗셈은 나눔(sharing)을 통해 배우기 시작해요. 실제로 학교에서 구슬이나 단추를 주면 아이들이 똑같이 나누는 연습을 해요. 예를 들면 세 명을 한 조로 짜고 각 조에 33개의 구슬을 줍니다. 그리고 한 명이 구슬을 각자에게 나누어 줘요. 나 하나, 너 하나, 너도 하나. 똑같이 차례대로 구슬을 나누고 각자의 손에 있는 구슬을 세어봅니다. 공평하게 똑같이 받았다면 각자 손에 11개의 구슬이 있겠죠?

이렇게 나눗셈은 똑같이 나눈다는 개념을 먼저 알려준 뒤 그림으로 묶음(grouping)을 계속 연습해요. 나눗셈에 많이 쓰이는 도구 중 하나는 **배열(array)**입니다. 배열이란 행(row)과 열(column)로 구성된 물체나 그림을 말해요.

그림을 한번 보시겠습니다. 이 배열에는 18개의 구슬이 있어요. 그리고 모두 3열로 배열되어 있죠.

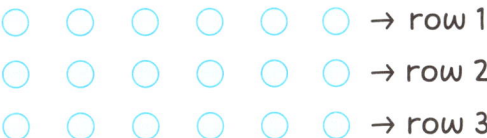

각 열에는 몇 개의 구슬이 있나요? 정답은 6개입니다. 그렇다면 이런 공식이 나와요.

$$18 \div 3 = 6$$

↑ 총 구슬의 수　↑ row의 갯수　↑ 각 row에 있는 구슬의 수

이렇게 배열을 이용해서 나누다 보면 똑 떨어지느냐, 아니면 나머지가 남게 되느냐가 그림상 확실하게 나타나기 때문에, 아이들이 나머지의 개념도 받아들이기가 쉬워집니다.

앞에서 배운 나눗셈 용어도 간단히 다시 한번 짚고 넘어가 볼까요?

Dividend(나누어지는 수) ÷ Divisor(나누는 수) = Quotient(몫)

앞에서 숫자가 나누어떨어지지 않는 경우 몫과 함께 나머지가 발생하는데, 제가 나머지는 영어로 remainder라고 설명해 드렸어요. 이번에는 20개의 구슬을 3열로 배열해 볼게요.

○ ○ ○ ○ ○ ○ → row 1
○ ○ ○ ○ ○ ○ → row 2
○ ○ ○ ○ ○ ○ → row 3
○ ○ → remainder

$$20 \div 3 = 6 \text{ (remainder 2)}$$

↑ 총 구슬의 수　↑ row의 갯수　↑ 각 row에 있는 구슬의 수　↑ 나머지 구슬의 수

우리가 나눗셈을 한 뒤 답이 맞았는지 확인하려면 곱셈을 이용해서 본래의 수가 나오는지 확인해 보잖아요? 그 공식은 바로 이렇게 됩니다.

20 = (3 × 6) + 2
원수 = (나눈 수 × 몫) + 나머지
Dividend = (Divisor × Quotient) + Remainder

이번엔 기호도 한번 살펴볼까요?
다른 사칙 연산에 비해 나눗셈은 3가지 종류의 기호를 사용합니다. 아래처럼 세번째 기호를 이용해서 세로로 나눗셈하는 경우를 **긴 나눗셈(long division)**이라고 불러요.

10 ÷ 2 = 5   10 / 2 = 5   2) 10 = 5

이제 나눗셈의 종류를 살펴볼 건데요. 크게 3가지로 나눌 수 있어요. 계산이 똑떨어지는가, 나머지가 있는가, 혹은 재배치가 필요한가가 기준이 될 수 있습니다.

그래서 종류별로 문제를 풀이해 봤어요. 첫 번째 풀이는 자릿값에 숫자를 적고(tens and ones) 나눗셈했습니다. 두 번째 풀이에서는 친숙한 숫자와, 곱셈에서 사용했던 분배 법칙(distributive property)을 이용했어요. 마지막으로는 일반적인 수식인 긴 나눗셈(long division)을 이용했습니다.

나머지와 재배치가 필요 없는 나눗셈
(Division without Regrouping and Remainder)

간단히 말하면 계산이 딱 나누어떨어지는 경우입니다.

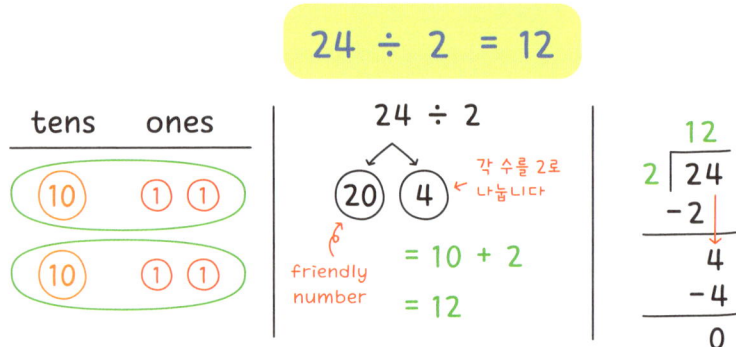

나머지가 있지만 재배치가 필요 없는 나눗셈
(Division without Regrouping and with Remainder)

이번에는 계산했을 때 딱 나누어떨어지지 않고 나머지가 생기는 경우입니다. 답을 쓸 때는 아래의 예시처럼 몫은 12(나누어떨어진 수)와 나머지 수는 Remainder의 R을 사용해서 R1이라고 씁니다. 나머지가 있는 게 확연히 보이죠?

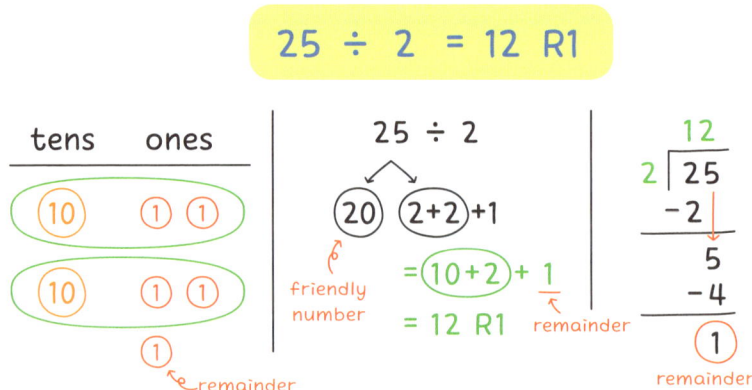

재배치를 이용한 나눗셈
(Division with Regrouping)

70은 3으로 나누어떨어지지 않아요. 그래서 우리는 십의 자리에서 일의 자리로 10을 보내줌으로써 일의 자리를 15로 만들어서 나누어떨어지게 합니다. 다시 말하면 십의 자리에서 일의 자리로 숫자를 재배치한 거죠.

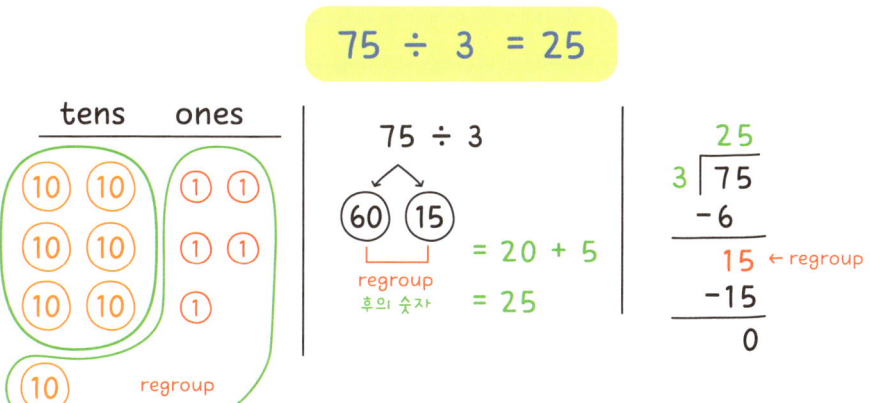

어때요? 지금까지 이해가 잘 되셨나요? 굉장히 원론적인 내용이지만 그냥 나누는 방식을 아는 것보다 왜 이렇게 나누어지는지, 그리고 답을 구하는 다양한 방식은 어떤 것들이 있는지 이해하면 수학이 훨씬 즐거워진다고 생각해요.

다음으로 살펴볼 것은 긴 나눗셈의 문제 해결 과정입니다. 챕터 2의 용어 사용 설명서에서도 한 번 설명해 드렸지만 기존에는 나눗셈의 풀이 과정을 어떻게 영어로 읽어내는지에 대해 설명해 드렸다면, 이번엔 풀이 과정 하나하나에 중점을 두겠습니다.

먼저 긴 나눗셈(long division)의 문제를 푸는 순서입니다.

$$4 \leftarrow 9 \text{ tens} \div 2 = 4 \text{ tens and some extra}$$
$$2\overline{)93}$$

Step 1. 나누기: 90을 2로 나누면 40으로 나누어지고, 나머지가 생깁니다.

(**Divide**: 9 tens divided by 2 equals 4 tens and some extra.)

$$\begin{array}{r} 4 \\ 2\overline{)93} \\ 8 \end{array} \leftarrow 2 \times 4 \text{ tens} = 8 \text{ tens}$$

Step 2. 곱하기: 2에 40을 곱하면 80입니다.

(**Multiply**: 2 times 4 tens equals 8 tens.)

$$\begin{array}{r} 4 \\ 2\overline{)93} \\ -8 \\ \hline 1 \end{array} \leftarrow 9 \text{ tens} - 8 \text{ tens} = 1 \text{ ten}$$

Step 3. 빼기: 90에서 80을 빼면 10입니다.

(**Subtract**: 9 tens minus 8 tens equals 1 ten.)

```
   4
2 ) 93
  -8 ↓
   13   ← 1 ten and 3 ones = 13 ones
```

Step 4. 보내기: 10과 3이 만나면 13이 됩니다.
   (**Bring down**: 1 ten and 3 ones equal 13 ones.)

```
   4 6
2 ) 93
  -8 ↓
   13
  -12   ← 2 X 6 ones = 12 ones
    1   ← remainder
```

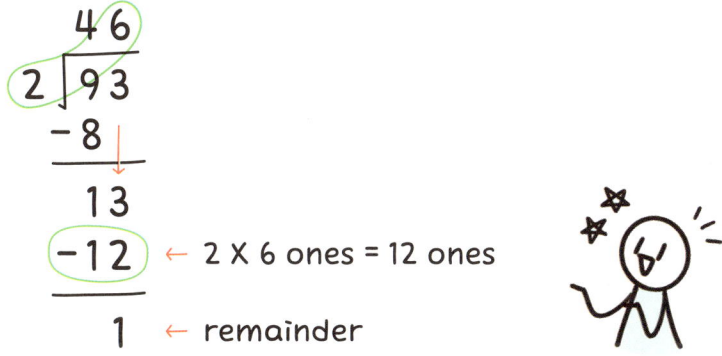

Step 5. 반복: 2와 6을 곱하면 12고, 1이 남습니다.
   (**Repeat**: 2 times 6 ones equals 12 ones and 1 remainder.)

Dividend = Divisor x Quotient + Remainder

$$93 = 2 \times 46 + 1$$

Step 6. 정답을 확인하세요. (Check the answer.)

이런 식으로 숫자가 더 이상 나누어지지 않을 때까지 Step 1부터 5를 반복합니다. 숫자가 1,000, 10,000 단위로 커질수록 반복은 더 여러 번 될 거예요. 그리고 이제 더 이상 나누어지지 않으면 Step 6로 가서 답이 맞는지 확인하면 됩니다. 위의 예시에서는 나머지 숫자 1이 남았네요.

한 가지 재미있는 점을 알려 드리려고 해요. 선생님이 Step 1에서 5까지 가르쳐 주실 때 아이들이 기억하기 편하도록 단어의 첫 스펠링을 따서 단어를 만들어서 알려주신답니다. 우리가 국사 과목 배울 때 조선시대 왕의 족보를 쉽게 외우려고 '태종태세문단세' 이렇게 첫 글자만 따서 외운 것과 비슷해요. 한번 보시겠어요?

Divide	→	**D**addy	**D**irty	**D**oes
Multiply	→	**M**ommy	**M**onkeys	**M**cDonald's
Subtract	→	**S**ister	**S**mell	**S**ell
Bring down	→	**B**rother	**B**ad	**B**urgers?
Repeat	→	**R**over	**R**over	**R**over

순서대로 단어를 나열해 보면 Divide – Multiply – Subtract – Bring down – Repeat이잖아요. 첫 스펠링은 D – M – S – B – R이 되겠지요? 이 첫 스펠링이 같은 단어들 조합으로 재미있고 기억하기 쉬운 단어 모음 혹은 문장을 만들어 주신 거지요.

가족 (**D**addy, **M**ommy, **S**ister, **B**rother, **r**over.)
지저분한 원숭이들 냄새나. (**D**irty **m**onkeys **s**mell **b**ad, **r**over.)
맥도날드에서 버거 파나요? (**D**oes **M**cDonald's **s**ell **b**urgers, **r**over?)

마지막 줄에 나온 rover가 궁금하시죠? **Rover**는 다시 하거나 끝내라는 뜻의 Repeat or do it **OVER**의 줄임말이에요. 재밌지 않나요?

앞의 문제 예시에서도 언급했던 분배 법칙(distributive property)을 다시 한번 보여 드릴게요. 4학년 ixl.com에 나온 문제로 한번 예시를 들어보도록 하겠습니다. (출처: www.ca.ixl.com)

Q: Find 88 ÷ 4. Use the distributive property.
(분배 법칙을 사용해서 88 ÷ 4를 구하세요.)

$$88 ÷ 4 = (\boxed{} ÷ 4) + (8 ÷ 4)$$
$$= \boxed{} + 2$$
$$= \boxed{}$$

답은 순서대로 80, 20, 22입니다.

Ixl.com의 사이트의 경우 답이 틀린 경우에 문제 풀이가 자세히 나와서 일부러 답을 틀리게 넣어봤어요. 여기선 어떻게 해결 과정을 설명하는지가 궁금했거든요. 아래처럼 나오네요!

Step 1. Break apart the number to make it easier to divide.
You can think of 88 as 80 + 8. Both 80 and 8 are easy to divide by 4.

(더 쉽게 나눌 수 있도록 숫자를 쪼개세요. 88은 80+8로 생각할 수 있습니다. 80과 8은 둘 다 4로 쉽게 나누어집니다.)

$$88 \div 4$$
$$= (80 + 8) \div 4$$

Step 2. Now, you can use the distributive property to divide.
(이제 분배 법칙을 사용해서 나누어 보세요.)

$$(80 + 8) \div 4$$
$$= (80 \div 4) + (8 \div 4)$$

Step 3. Divide the numbers inside each pair of parentheses. Then, add. (각 괄호 안의 숫자를 나누세요. 그리고 더하세요.)

$$(80 \div 4) + (8 \div 4)$$
$$= 20 + 2$$
$$= 22$$

So, **88 ÷ 4 = 22**
(그럼 답이 나옵니다.)

풀이 방식을 보니 어떠세요? 역시 숫자를 잘게 쪼개죠? 분배 법칙이라는 이름 아래 결국 80이라는 친숙한 숫자(friendly number)를 사용했어요.

저학년 땐 이렇게 자주 사용하는 방식이지만 학년이 높아지면 'friendly number를 사용해야 해.' 이런 말은 하지 않아요. 대신 자연스럽게 모든 수식에 녹아 들어가서, 그동안 연습했던 규칙들이 풀이에 자연스럽게 적용됩니다. 제가 지금까지 강조하는 것은 '하나의 답에 이르기 위한 여러 가지 방법들과 규칙 간의 밀접한 관련' 이거 하나였어요.

마지막으로 나눗셈에서의 Fun Fact를 살펴보고 이번 챕터를 마무리하겠습니다.

Fun Fact 1: 숫자를 그 본래의 숫자대로 나누면 답은 언제나 1이다!

Fun Fact 2: 어떤 숫자도 1로 나누면 그 결과는 다시 그 본래의 숫자이다!

Fun Fact 3: 짝수(even number)로 끝나는 숫자는 2로 나누어떨어진다!

Fun Fact 4: 숫자 0이나 5로 끝나는 숫자는 5로 나누어떨어진다!

Fun Fact 5: 숫자 0으로 끝나는 숫자는 10으로 나누어떨어진다!

Chapter 6

분수
(Fraction)

캐나다 아이들은 일단 도형을 보고 이게 분수인지 아닌지
구분하는 것부터 시작합니다.
분수는 일부분이 정확하게 나누어져야만 한답니다.
즉, 공평하게 나누어져야 한다는 뜻입니다.
수학은 정확히 나누어지는 것을 정말 좋아하는 것 같아요.

Chapter 6

분수 (Fraction)

이번엔 분수(fraction)입니다. 분수는 전체 중 일부를 나타낼 때 쓰이죠. 이 전체는 길이가 될 수도 있고 넓이, 부피가 될 수도 있어요. 분수라는 단어는 라틴어 fractio에서 파생되었는데요. 분수를 연구한 최초의 문명인인 이집트인들은 식량 공급, 건설 등 실생활에 필요한 수학적 문제를 해결하기 위해 분수를 사용했다고 해요. 피라미드만 봐도 이집트의 수학 수준이 굉장히 높았음은 누구라도 짐작할 수 있죠.

고대 이집트인들이 분수를 사용했다는 사실은 영국 탐험가 린드(Rhind)가 1858년에 발견한 두루마리 문서인 린드 파피루스(Rhind Mathematical Papyrus)에 나와 있는데요. 기원전 1550년경부터 지금까지 사용되고 있는 분수, 지금은 어떻게 배우기 시작할까요?

캐나다 아이들은 일단 도형을 보고 이게 분수인지 아닌지 구분하는 것부터 시작합니다. 분수는 전체의 일부분이라고

첫 문단에 말씀드렸지만 단순하게 일부분이 분수가 될 수는 없어요. 각 일부분이 정확하게 나누어져야만 한답니다. 즉, **공평하게 나누어져야 한다**는 뜻입니다. 수학은 정확히 나누어지는 것을 정말 좋아하는 것 같아요. 이 맛에 수학을 좋아하는 사람들도 많은 것 같고요.

자 그럼, 아래 그림을 보고 어떤 것이 분수인지 아닌지 한번 찾아보시겠어요?

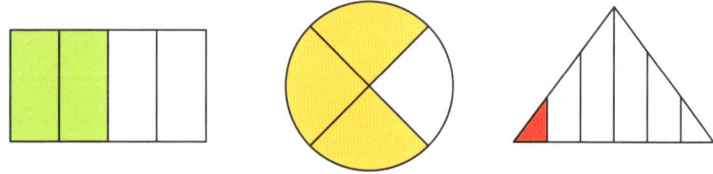

네, 맞습니다. 위 그림에서 분수가 아닌 건 삼각형이에요. 왜냐면 색칠된 부분이 나머지 부분과 같은 사이즈가 아니기 때문이지요. 아이들은 이 개념을 이해한 뒤 전체에서 색칠된 부분을 숫자로 표현하는 방법을 배우게 됩니다. 그게 바로 분수(fraction)이지요.

분모인 전체는 영어로 denominator, 분자인 부분은 numerator라고 합니다. 분수를 표현하는 형태는 아래와 같아요.

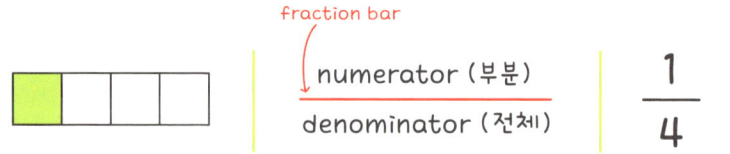

분모, 전체(denominator): 전체가 몇 개로 나뉘었는지 분할된 수를 나타냅니다. 분수 막대의 아랫부분에 놓여요.

분자, 부분(numerator): 전체에서 얼마나 많은 부분이 표현되거나, 선택 되었는지 나타냅니다. 분수 막대의 윗부분에 놓여요.

그림을 보고 아이들이 숫자로 표기할 줄 알게 되었으면 어떻게 읽는지도 알아야겠죠? 우리는 4분의 1이라고 읽으면 영어로는 one fourth 혹은 one over four, one out of four라고 읽어요. 특별히 4분의 1은 quarter라고도 합니다. 여기서 궁금증이 생기실 것 같아요. '왜 four가 아니라 서수인 fourth라고 하나요? 그리고 왜 quarter가 나와요?'

지금까지 수학을 이해해야 한다고 말씀드렸지만 때론 어쩔 수 없이 암기도 필요해요. 왜냐면 수학에도 정해진 약속, 즉 규칙이 있으니까요. 분수를 읽을 때 **아랫부분인 분모(denominator)는 서수로 읽어야 해요.**

여기서 중요한 부분은 분수에서 쓰이는 서수 중 예외가 있다는 점이에요. 2분의 1과 4분의 1인데요. 이 수는 가르쳐 드린 방법대로 읽으면 one second, one fourth인데, 실제로는 **a half, a quarter**라고 읽습니다. 이제 표를 보면서 같이 분수를 읽어볼까요?

$\frac{1}{2}$	$\frac{1}{3}$	$\frac{1}{4}$	$\frac{1}{5}$	$\frac{2}{3}$	$\frac{2}{5}$
a half	one third	a quarter	one fifth	two thirds	two fifths

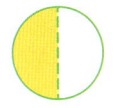

2 조각의 피자

여기서 우리가 생각해 봐야 할 중요한 포인트는 왜 $\frac{2}{3}$와 $\frac{2}{5}$의 분모에 s가 붙어 있냐는 건데요. 놓치지 마시라고 빨간색으로 눈에 띄게 해 두었습니다. **s가 붙어있는 이유는 분자가 1보다 큰 경우 아래 분모에서 영어의 복수형을 뜻하는 s를 붙여야만 하기 때문입니다.** 이건 아주 중요한 규칙이니 꼭 외워주세요!

이 표를 보시면 하나 더 궁금한 게 생기실 것 같아요. '왜 half랑 quarter 앞에는 a가 붙고, third랑 fifth 앞에는 one이 붙어요?'라는 궁금증이 생기실 것 같은데요. 영어로 읽을 때 a half, a quarter가 더 자연스러워요. 가끔 사람에 따라 one quarter라고 말하는 것도 들어봤지만 one half는 거의 못 들어본 것 같아요. 이 부분은 관습적인 표현이라고 생각하시면 될 것 같습니다.

이번엔 분수의 종류를 살펴보겠습니다. 분수의 종류는 크게 3가지로 나눌 수 있어요.

진분수(proper fraction): 분자가 분모보다 작은 분수로 우리가 가장 많이 접하는 일반적인 형태예요.

예) $\frac{2}{3}$, $\frac{3}{4}$ 등

가분수(improper fraction): 분자가 분모와 같거나, 더 큰 분수예요. 'improper'라는 뜻은 '부적절한'이라는 뜻인데요. 아무래도 몸보다 머리가 크면 균형을 잃어 보이겠죠?

예) $\frac{7}{3}$, $\frac{6}{4}$ 등

대분수(mixed number fraction): 자연수와 진분수가 혼합된 수.

예) $1\frac{3}{4}$ 등

여기서 퀴즈입니다. 실제로 제 딸아이 문제집에 나와 있는 문제입니다. 여기서 답이 무엇일까요?

> Q: Proper fractions, improper fractions, mixed numbers are all fractions, but improper fractions and mixed numbers have something in common that proper fractions do not. What is it?
> (진분수, 가분수, 대분수는 모두 분수입니다. 하지만 가분수와 대분수 사이에는 진분수에 없는 한 가지 공통점이 있습니다. 무엇일까요?)

정답은 '가분수와 대분수는 숫자 1보다 크다. (Improper fractions and mixed numbers are greater than one.)'입니다.

문제 하나로 분수의 종류와 개념이 확 와닿죠? 가분수와 대분수는 분모

보다 분자가 크기 때문에 1보다 큰 개념이니 숫자를 따로 떼어서 옆에 두거나, 분자 위에 몽땅 올려서 큰 수로 만들어 놓거나의 차이가 있어요.

이제 아이들에게 분수가 뭔지, 어떻게 읽는지 또 어떤 종류가 있는지까지 어렵지 않게 설명하실 수 있으실 거예요. 이번에는 분수의 크기를 예시 문제로 비교해 보겠습니다.

Q: Which fraction is greater? $\frac{1}{2}$ or $\frac{3}{4}$?
($\frac{1}{2}$과 $\frac{3}{4}$ 중에 무엇이 더 클까요?)

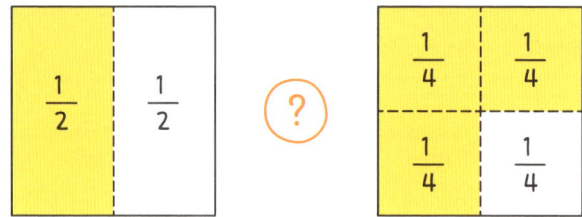

네, 답은 $\frac{3}{4}$이 더 큽니다. 크냐, 작냐는 표현은 영어에서는 비교급인 greater, less를 각각 사용합니다. 이번엔 다른 문제를 볼까요?

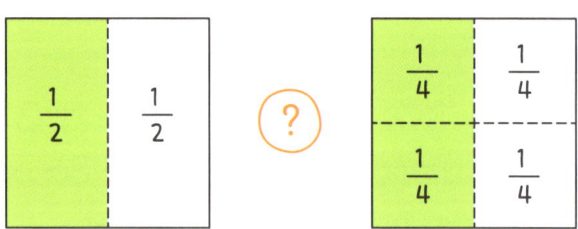

$\frac{1}{2}$과 $\frac{2}{4}$입니다. 뭐가 더 클까요?

정답은 '같다'입니다. 어라? 분모와 분자의 숫자가 다른데 어떻게 두 수가 같을 수 있나요? 한 번 더 예시를 볼까요?

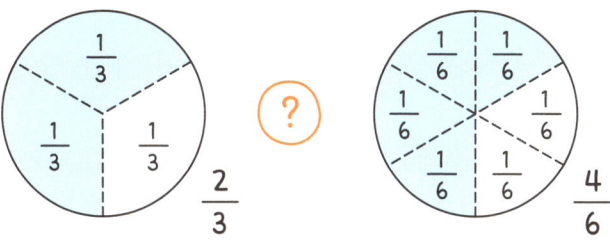

이번에도 숫자는 다르지만 같은 모양이 나오네요. 이런 경우는 등가 분수(equivalent fraction)라고 합니다. 예를 들어 $\frac{1}{5} = \frac{2}{10} = \frac{4}{20}$와 같이 분자와 분모는 다르지만 실제로는 동일한 값을 가진 분수를 말합니다.

그러면 여기서 한 번 더 생각해 볼 게 있어요. $\frac{1}{5} = \frac{2}{10} = \frac{4}{20}$처럼 예시로 들었던 이 숫자들을 보시면 뭔가 패턴이 보이지 않으세요?

네, 맞아요! 분자, 분모 모두 2의 배수로 늘어났죠? 이렇게 분자와 분모에 같은 숫자를 곱하거나 나누면 동치분수(크기가 같은 분수)를 찾을 수 있습니다.

$$\frac{1}{3} \xrightarrow{\times 2} = \frac{2}{6} , \quad \frac{12}{20} \xrightarrow{\div 2} = \frac{6}{10} \xrightarrow{\div 2} = \frac{3}{5}$$

Step 1. 분자와 분모에 각각 2씩 곱하여 준다.
(Multiply both the numerator and the denominator by 2.)

Step 2. 분자와 분모를 각각 2씩 나누어 준다.
(Divide the numerator and the denominator by 2 each.)

위의 예시를 보시면 $\frac{1}{3}$ 은 계속 곱해가면서 작은 숫자에서 큰 숫자로 무한대로 늘어날 수 있습니다. 하지만 $\frac{12}{20}$ 처럼 큰 수에서 작은 수로 점점 나누는 경우엔 결국 더 이상 나누어지지 않는 상태가 됩니다. 그 값이 바로 $\frac{3}{5}$ 예요. 이 상태에서는 딱 1개의 숫자로만 나눌 수 있는데요.

맞아요. 1로만 가능합니다. 나눗셈 규칙 두 번째에서 배웠듯 어떤 숫자라도 1로 나누면 결과는 다시 본래의 숫자라는 규칙이 적용됩니다. 우리는 $\frac{3}{5}$ 과 같이 더 이상 나누어지지 않는 분수의 형태를 **기약 분수 (simplest form, lowest term)**라고 부릅니다.

그리고 $\frac{12}{20}$ 는 2로도, 4로도 나누어질 수 있는데, 분자, 분모 둘 다 숫자 1, 2, 4로 나누어질 수 있는 경우에는 이 숫자들을 **공약수(common factor, common divisor)** 라고 합니다. 그리고 나누어지는 공약수 중 가장 큰 수를 **최대 공약수(the greatest common factor, the greatest common divisor)**라고 합니다. 같은 그림을 사용해서 다시 한번 정리해 보겠습니다.

$\frac{12}{20}$ ← This is not in Simplest form. Common factors: 1, 2 and 4.

$\frac{12}{20} = \frac{3}{5}$ ← Simplest form only. Common factor: 1.

÷ 4 (greatest common factor)

이제 조금 더 어려운 부분으로 가볼까요? 위에서 분수의 크기를 비교하다가 동치분수로 넘어가서 기약 분수, 공약수, 최대 공약수까지 알려드렸잖아요. 그런데 지금까지 비교한 분수들은 모두 분모가 같거나, 분모와 분자가 동일한 값을 가진 분수였어요. 하지만 이번에 비교할 분수는 전혀 다른 종류입니다. 먼저 그림을 그려보겠습니다.

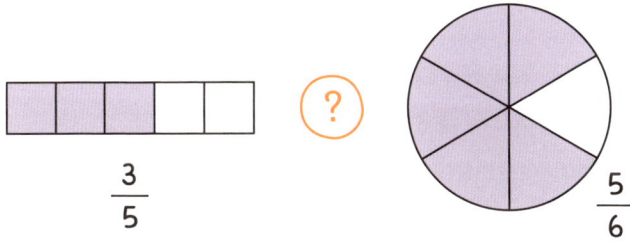

아이들에겐 분모의 크기가 달라지니까 비교가 힘들 수도 있어요. 그럼 어떻게 서로 다른 분수를 비교할 수 있을까요? 맞아요. 먼저 분모를 똑같이 만들어줘야 합니다. 바로 공통 분모(common denominator)를 찾는 거죠.

공통 분모를 찾기 위해선 공약수(common factor)를 나열하게 되는데, 처음으로 나오는 숫자가 최소 공배수(the least common multiple, the lowest common multiple)가 됩니다. 그럼 위 문제의 답을 구하면서 다시 비교해 볼게요.

Step 1. $\dfrac{3}{5}$ 과 $\dfrac{5}{6}$ 의 최소 공배수를 찾습니다.

(Find the least common multiple.)

5의 배수 : 5, 10, 15, 20, 25, **30**, 35, 40 … 85, **90**, 95 …

6의 배수 : 6, 12, 18, 24, **30**, 36, 42 … 84, **90**, 96 …

30과 90은 공통 분모로 사용될 수 있고 최소 공배수는 30입니다. (30 and 90 can be used as a common denominator, and 30 is the least common multiple.)

Step 2. 30이 최소 공배수이기 때문에 새로운 분모가 됩니다.
(Since 30 is the least common multiple, it becomes the new denominator.)

$$\dfrac{3}{5} \xrightarrow{\times 6} \dfrac{18}{30} \quad , \quad \dfrac{5}{6} \xrightarrow{\times 5} \dfrac{25}{30}$$

각각 새로운 분모 30을 가진 동치분수를 만들어 줍니다.
(Create equivalent fractions with the new denominator of 30.)

Step 3. 분모가 같은 두 수를 비교합니다.

(Compare two numbers with the same denominator.)

$$\frac{18}{30} \left(\frac{3}{5}\right) \quad < \quad \frac{25}{30} \left(\frac{5}{6}\right)$$

네, 우리는 결국 서로 완전히 다른 두 분수에서 공통점을 발견하고 분모의 수를 같게 만든 뒤 비교하는 데까지 성공했어요. 어려우셨나요? 용어 자체가 어려울 수는 있지만 걱정하지 마세요. 아이들이 원리만 이해했다면 간단하고, 또 천천히 배우는 캐나다의 경우엔 5학년은 되어야 배우거든요. 혹시나 해서 5학년인 막둥이에게 최소 공배수에 관해 물었더니 아직 안 배웠는지 아는 게 전혀 없네요. 하하.

분수에서의 사칙 연산은 위의 개념만 이용하면 문제가 없어요. 특히 덧셈과 뺄셈의 경우 분모만 같게 만들어 주고 분자에서 더하거나 빼 주면 됩니다. 여기에서 팁은 우리가 공배수를 일일이 나열할 필요가 없다는 겁니다. **두 분모를 서로 곱해주면 그게 바로 공통 분모(common denominator)가 되거든요.**

하지만 계산 후에는 반드시 기약 분수(simplest form)로 바꿔 주셔야 하는 것을 잊지 마세요. 분수의 사칙 연산에 대해서는 제가 공식으로 알려드릴게요.

Addition

$$\frac{a}{b} + \frac{c}{d} = \frac{(a \times d) + (c \times b)}{b \times d}$$

ex) $\frac{1}{3} + \frac{1}{4} = \frac{(1 \times 4) + (1 \times 3)}{3 \times 4} = \frac{7}{12}$

Subtraction

$$\frac{a}{b} - \frac{c}{d} = \frac{(a \times d) - (c \times b)}{b \times d}$$

ex) $\frac{3}{4} - \frac{1}{2} = \frac{(3 \times 2) - (1 \times 4)}{4 \times 2} = \frac{2}{8} = \boxed{\frac{1}{4}}$

↗ simplest form

먼저 분수의 덧셈과 뺄셈 계산 방법입니다. 분모가 같을 경우에는 간단하게 분자만 더하고 빼면 되지만, 분모가 다를 경우에는 위에서 보이는 것처럼 공식이 필요해요.

Step 1. 각기 다른 두 수의 분모를 곱하여 공통 분모를 만들어 주세요.
(Find the common denominator by multiplying the denominators of two different numbers.)

Step 2. 바뀐 분모에 맞게 같은 값을 가진 분자를 만들어 줍니다.
(Multiplying to create numerators with the same value in accordance with the changed denominator.)

Step 3. 계산 후 결괏값이 기약 분수인지 확인해 줍니다.

(Check if the resulting value is in its simplest form after the calculation.)

곱셈의 분수 계산 공식입니다. 분수의 사칙 연산 중 제일 간단합니다.

Multiplication

$$\frac{a}{b} \times \frac{c}{d} = \frac{a \times c}{b \times d}$$

ex) $\frac{2}{3} \times \frac{1}{4} = \frac{2 \times 1}{3 \times 4} = \frac{2}{12} = \boxed{\frac{1}{6}}$ ← simplest form

---

Step 1. 분자는 분자끼리 분모는 분모끼리 곱하여 줍니다.

(The numerators are multiplied together, and the denominators are multiplied together.)

Step 2. 계산 후 결괏값이 기약 분수인지 확인해 줍니다.

(Check if the resulting value is in its simplest form after the calculation.)

나눗셈의 분수 계산 공식입니다.

Division

$$\frac{a}{b} \div \frac{c}{d} = \frac{a}{b} \times \frac{d}{c} = \frac{a \times d}{b \times c}$$

ex) $\frac{3}{5} \div \frac{1}{2} = \frac{3}{5} \times \frac{2}{1} = \frac{3 \times 2}{5 \times 1} = \frac{6}{5} = 1\frac{1}{5}$ ← mixed number fraction

Step 1. 나누는 수를 역수로 바꾸어 주세요. 즉, 분자와 분모의 위치를 바꾸어 줍니다.

(Invert the divisor by swapping the numerator and denominator positions.)

Step 2. 곱셈의 규칙에 따라 분자는 분자끼리 분모는 분모끼리 곱하여 줍니다.

(According to the rule of multiplication, the numerators are multiplied together, and the denominators are multiplied together.)

Step 3. 계산 후 결괏값이 가분수일 경우 대분수로 바꾸어 줍니다.

(If the result is an improper fraction, it will be converted to a mixed number fraction.)

추가로 대분수를 가분수로 바꾸는 방법입니다. 대분수와 가분수는 크기가 1보다 큰 분수라는 사실 기억하시지요? 그러기에 대분수는 진분수가 될 수 없습니다.

Mixed number fraction to improper fraction

$$A\frac{c}{b} = \frac{(A \times b) + c}{b}$$

$$ex) \ 1\frac{1}{5} = \frac{(1 \times 5) + 1}{5} = \frac{6}{5}$$

표가 이해가 잘 되시나요? 아이들에게는 숫자가 위아래로 나누어져 있는 분수의 사칙 연산이 어렵게 느껴질 수가 있어요. 그럴 때 이 규칙 표를 보여주시면서 하나하나 설명해 주신다면 아이들이 분수를 더 쉽게 느끼지 않을까요? 이제 분수 파트를 마무리하고 소수로 넘어가 보겠습니다.

Chapter 7

소수
(Decimal)

선생님들이 소수를 가르치실 때 가끔 하시는 질문이 있어요.
"얘들아, 소수점에서 가장 중요한 게 뭘까?
그건 바로 위치야! 위치!"

Chapter 7

소수 (Decimal)

이번에는 소수(decimal)를 알아볼 차례입니다. 소수는 정수와 소수로 구성된 숫자, 쉽게 말하면 소수점을 가진 숫자입니다. 소수점은 영어로 **decimal point**라고 하는데요. 라틴어 decimus에서 파생된 단어로 '십진법의, 10을 기반으로 한'이라는 뜻입니다. 이제 본격적으로 소수에 대해 살펴보겠습니다.

숫자 365.24는 영어로 어떻게 읽을까요? three hundred sixty-five and twenty-four **hundredths**? 음... 막상 읽어보니 조금 어렵네요. 그런데 왜 소수점 뒷자리를 twenty four로 끝내지 않고 hundredths를 붙였을까요?

왜냐면 소수는 앞에서 배운 분수와 밀접한 관련이 있기 때문입니다. 뒤에서 자세히 설명해 드리겠지만 간단히 말씀드리면 소수점 이하의 자리 는 $\frac{1}{10}$, $\frac{1}{100}$의 자릿값을 가지기 때문이에요. 그래서 우리는 **0.1의 자리를 tenth, 0.01의 자리는 hundredth**라고 읽습니다.

hundredth의 끝에 s가 붙는 이유는 분수 챕터에서 배웠는데 기억 나시나요? 네, 맞아요. 분자가 1보다 큰 수일 때 분모에는 s를 붙입니다.

좀 더 쉽게 설명해 드리기 위해 자릿값을 이용해 볼게요. 너무 자주 나와서 이제 많이 익숙하실 듯합니다.

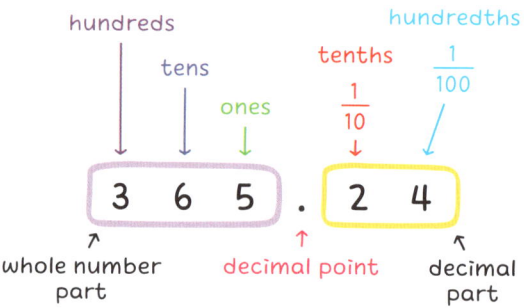

이해가 좀 쉬워졌죠? 이번엔 좀 더 확장된 형태로 볼까요?

$$300 + 60 + 5 + 0.2 + 0.04$$

자릿값과 확장 형식(expanded form)을 이용하니 소수점 이하가 좀 더 한눈에 보이시죠? 이번엔 자릿값으로만 표현해서 규칙을 볼까요?

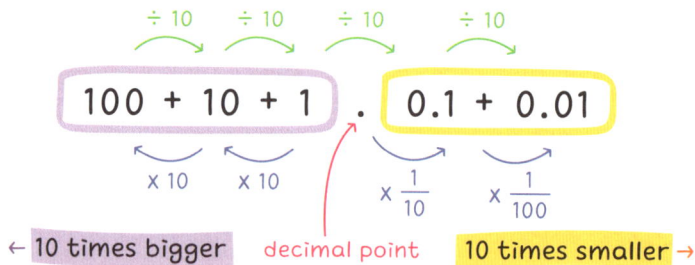

10 times bigger   •   **10 times smaller**
(10배씩 커진다)   (10배씩 작아진다)

규칙이 보이시나요? 소수의 자릿값을 이해하는 것은 나중에 사칙 연산을 할 때 굉장히 중요하기 때문에 반드시 이해하고 넘어가야 하는 과정입니다. 그리고 제가 소수와 분수는 굉장히 밀접한 관련이 있다고 위에서 말씀드렸는데요. 아래의 그림들을 보시면 소수는 분수로 표현할 수 있어요. 또 다른 예시를 볼까요?

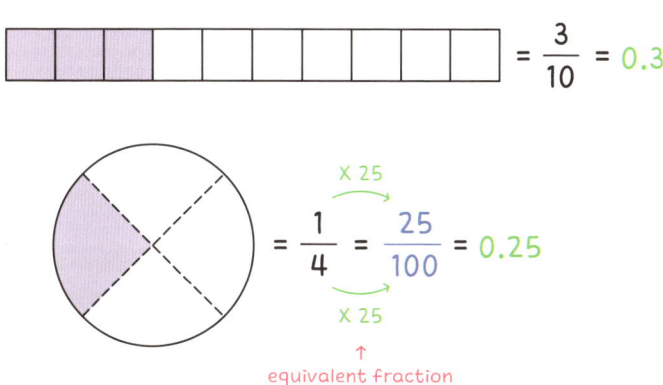

위의 그림을 보시면 $\frac{1}{4}$ 과 0.25는 같은 수라는 것을 알 수 있습니다.

우리 어른들은 quarter가 0.25라는 것이 익숙해서 위의 그림처럼 여러 단계를 거치지 않아도 머릿속에서 바로 떠올릴 수 있지요.

그럼 익숙하지 않은 숫자는 어떨까요? 그럴 때를 위해서라도 스텝 바이 스텝으로 한 번 더 소수를 분수로 변환하는 법에 대해서 정리하고 넘어가겠습니다.

소수를 분수로 변환 (Decimal to Fraction)

Step 1. 소수를 분수의 형태로 다시 씁니다. 이때, 분모는 1이 됩니다.
(Rewrite the decimal as a fraction, and the denominator becomes 1.)

$$\frac{0.25}{1}$$

Step 2. 분자와 분모 모두 소수점 이후 자릿수에 10의 배수를 곱합니다.
(Multiply both the numerator and the denominator by a multiple of 10 based on the decimal's digits after the decimal point.)

$$\frac{0.25 \times 100}{1 \times 100} = \frac{25}{100}$$

소수점 뒤에 한 자릿수가 있다면 10을 곱하고, 두 자릿수가 있다면 100을, 세 자릿수가 있다면 1,000을 곱합니다. 지금 예시에서는 두 자릿수였기 때문에 100을 곱해 주었습니다.

Step 3. 나온 분수의 값을 기약 분수의 형태로 만듭니다.
(Simplify the fraction's resulting value to its simplest form.)

$$\frac{25 \div 5}{100 \div 5} = \frac{5 \div 5}{20 \div 5} = \boxed{\frac{1}{4}}$$

↗ simplest form

기약 분수를 만들기 위해 공약수인 5를 이용하여 나누어 주었습니다. (To create the simplest form, divide it using the common factor of 5.)

완성입니다! 보충 설명을 드리자면 위의 예시 3번 과정에서 분모와 분자인 100과 25의 최대공약수는 25입니다. 이 25를 바로 나누어 주어도 풀이가 가능합니다. 하지만 아이들은 처음에 가장 쉽게 풀어주는 것이 좋기에 공약수인 5로 두 번 나누어 주었답니다.

반대로 분수는 어떻게 소수로 바꿀 수 있을까요? 지금보다 훨씬 간단합니다.

분수를 소수로 변환 (Fraction to Decimal)

분자(numerator) ÷ 분모(denominator)

$$\frac{a}{b} = a \div b$$

ex) $\frac{3}{4} = 3 \div 4 = 0.75$

엄청 간단합니다. 그냥 분자에서 분모를 나누어 주기만 하면 끝납니다. 참 쉽죠?

이번에는 소수의 덧셈과 뺄셈을 배워보겠습니다. 원리는 굉장히 단순해요. 우리가 잘 아는 보통의 더하기, 빼기를 하듯 하면 됩니다. 단, 여기서 가장 중요한 부분은 **자릿수**를 맞춰주는 겁니다. 이때 **소수점(decimal point)**이 기준점이 되는데 소수점끼리 위치만 맞춰주면 상당히 간단합니다.

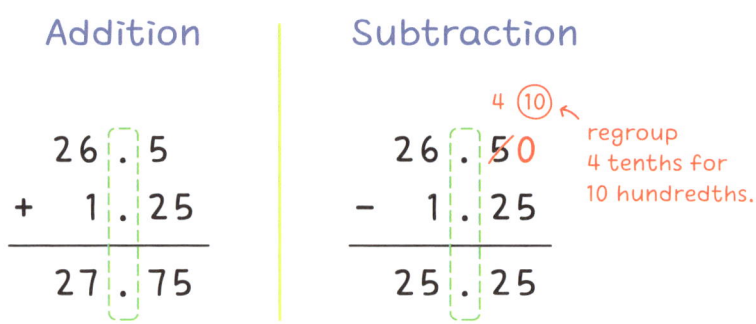

*decimal point가 기준점이 됩니다.

소수의 곱셈 (Multiplying Decimals)

이번엔 곱셈을 볼까요? 소수를 곱하는 방법은 덧셈, 뺄셈처럼 일반적인 곱셈과 크게 다르지 않아요. 키포인트는 소수점 이하의 자릿수를 세어야 한다는 점입니다. 한번 단계별로 볼게요.

예시를 가지고 보는 게 가장 쉽습니다.
아래의 스텝에 따라 0.05 × 1.5의 답을 구해보겠습니다.

0.05 × 1.5

Step 1. 주어진 수를 곱합니다. 이때, 소수점은 신경 쓰지 않아도 괜찮습니다. (Multiply the given number. At this point, you don't need to worry about the decimal point.)

$$5 \times 15 = 75$$

Step 2. 주어진 수에 각각 몇 번째 자리에 소수점이 있는지 센 뒤, 합한 수만큼의 위치에 소수점을 표시합니다. (Count the number of decimal places in each given number, then place the decimal point at the position equal to the sum of those count.)

0.05 has 2 decimal places (소수 둘째 자리)
1.5 has 1 decimal place (소수 첫째 자리)
그래서 답은 3 decimal places (소수 셋째 자리)로 이루어진 숫자여야 한다.

75 → 0.075
변환 ① ② ③

소수의 나눗셈 (Dividing Decimals)

자, 이제 마지막으로 나눗셈을 살펴볼까요? 나눗셈의 경우에는 두 가지 경우의 수가 있습니다. 나누는 수인 divisor가 자연수인지, 소수인지에 따라 나누는 방법이 달라지거든요.

Case 1. 나누는 수가 자연수인 경우

이 경우에는 보통의 나눗셈과 동일합니다. 하지만 본래 숫자의 소수점 자리를 세어서 결괏값(quotient)에도 같은 자리에 소수점을 찍어 주어야 합니다.

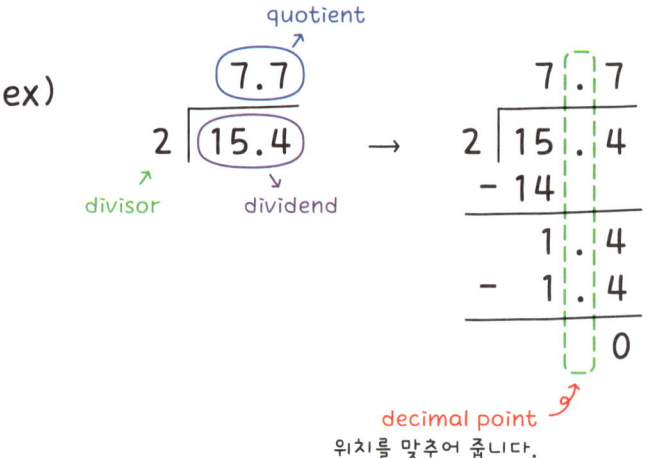

Case 2. 나누는 수가 소수인 경우

이 경우엔 일단 나누는 수를 자연수로 만들어 줘야 합니다. 그 후에 자연수를 만들기 위해 곱해준 자리의 수만큼 똑같이 원래의 값에도 곱해줘야 해요. 그리고 그 수로 나눗셈을 시작합니다. 예시 문제인 3.93 ÷ 0.3으로 한번 설명해 드려 볼게요.

Q: 3.93 ÷ 0.3

Step 1. 나누는 수인 0.3을 자연수 3으로 만들기 위해 10을 곱해줍니다. (Multiply by 10 to make 0.3 equals to 3.)

$$0.3 \times 10 = 3$$

Step 2. 본래의 수인 3.93에도 똑같이 10을 곱해줍니다. (Multiply 3.93 by 10.)

$$3.93 \times 10 = 39.3$$

Step 3. 39.3을 3으로 나눕니다. (Divide 39.3 by 3.)

$$39.3 \div 3 = 13.3$$

이 문제의 정답은 13.3이 됩니다.

이렇게 소수의 사칙 연산을 다 살펴보았는데요. 간단한 원리이지만 소수점 한자리만 잘못 찍으면 오답이 되기 때문에 아이들이 은근히 실수를 많이 한답니다.

한 가지만 더 알려 드리고 이번 챕터를 마치려고 합니다.

무한 소수(non-terminating decimal), 유한 소수(terminating decimal), 순환 소수(repeating decimal)입니다. 이 단어들에 대해 하나 하나 설명해 볼게요. 일단 terminate의 뜻은 끝낸다는 것입니다. 그래서 무한 소수와 유한 소수, 그리고 순환 소수는 각각 끝이 없는, 끝이 있는, 반복되는 소수라는 뜻이에요.

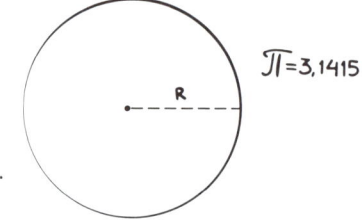

여러분, 파이 아시죠?
먹는 파이 말고 원주율 파이 (π)요.

π = 3.14159265358979… 원주의 길이와 그 길이의 비율을 나타내고 소수점 아래로는 무한대로 내려가는 수학에서 가장 유명한 상수입니다. 이게 바로 무한 소수(non-terminating decimal)의 대표적인 예가 될 수 있습니다.

끝이 있는 보통의 소수는 유한 소수(terminating decimal)입니다. 순환 소수(repeating decimal)는 특정한 숫자나 숫자 패턴이 무한히 반복되는 것을 말해요. 예시로 정리해 볼게요.

- 무한 소수(non-terminating decimal): π = 3.14159265358…
- 유한 소수(terminating decimal): 0.125
- 순환 소수(repeating decimal): 1/11 = 0.090909090909…

소수에 대한 Fun Fact를 알려드릴게요.

Fun Fact 1. 곱셈이 끝난 뒤, 소수점은 왼쪽에서 오른쪽으로 움직인다.

Fun Fact 2. 나눗셈이 끝난 뒤, 소수점은 오른쪽에서 왼쪽으로 움직인다.

```
         1 zero                              1 zero
    3.65 x 10 = 36.5                   3.65 ÷ 10 = 0.365
      1 decimal place                    1 decimal place

         2 zeros                             2 zeros
    3.65 x 100 = 365                   3.65 ÷ 100 = 0.0365
     2 decimal places                   2 decimal places

         3 zeros                             3 zeros
   3.65 x 1000 = 3650                 3.65 ÷ 1000 = 0.00365
     3 decimal places                   3 decimal places
```

선생님들이 소수를 가르칠 때 가끔 하는 질문이 있어요. "얘들아, 소수점에서 가장 중요한 게 뭘까? 그건 바로 위치야, 위치! (What is the most important thing about a decimal point? It's all about the location, location!)" 이렇게 위치를 엄청나게 강조하신답니다.

그건 그만큼 소수점 찍는 자리를 실수하는 아이들이 생각보다 많기 때문입니다. 아이들이 실수하지 않도록 처음부터 확실하게 잘 알려주세요. 한번 깨치고 나면 가장 쉬운 게 소수점 자리니까요. 그럼 이만 소수 파트를 마무리하겠습니다.

캐나다 아이들의
놀이 영어

아이들이 놀 때 쓰는 말들이 있어요.
이 말은 아이들 세계에서 굉장히 중요합니다.
이 말을 모르면 놀 때 뭘 하는지 전혀 모르거든요. 제가 알려드릴게요!

I spy with my little eye, something…!

제 딸아이가 유치원 때 배워오기 시작해서 웅얼웅얼하던 말이에요. 진작 알았으면 같이 놀아주면서 어휘력도 키워주는 건데 저는 그 시기를 놓치고 말았어요. 초등학교 고학년인 지금도 어디서 기다리는 시간이 생기면 같이 가끔 하는 놀이랍니다.

> I spy with my little eye, something 'white' in the sky.
> (내 눈은 하늘에 있는 '하얀' 무언가를 찾고 있어.)
>
> Is that a Moon?
> (그거 달이야?)
>
> No, It's not a moon. It's something that begins with 'C.'
> (아니, 그건 달이 아니야. 그건 'C'로 시작하는 무언가야.)

Oh! It is a cloud!
(오! 구름이구나!)

Yes! You got it. Your turn.
(맞아! 너 차례야.)

스무고개 아시죠? 마음속에 있는 것을 상대방이 맞히게 하는 게임이죠. 여기서 나오는 'something' 다음에는 단어의 맨 첫 글자인 알파벳이 올 수도 있고, 색깔이 올 수도 있어요. 맞히기가 너무 막연하다면 형태나 행동 등으로 힌트를 줄 수도 있어요.

상대방이 맞히면 그림 제일 아래에 있는 말풍선처럼 "You got it! It's your turn. (맞혔어! 이제 네 차례야.)"라고 말하고 순서를 바꾸어 놀이를 계속하면 됩니다.

Eeny, meeny, miny, moe

이니, 미니, 마이니, 모? 앗, 이게 뭘까요?
아이들이 매우 즐겨 하는 라임(운율 맞추기, rhyme)입니다. 술래를 정하거나 게임을 시작하는 첫 타자를 고를 때 주로 써요. 특히 저학년 여자아이들이 좋아하고 누가 빨리 말하는지 내기 하나 싶을 정도로 빨리 말하는 게 특징이에요. 은근히 길어서 앞부분은 자신 있게 하다가 뒷부분은 얼버무리는 경우도 많아요. 저도 하도 많이 들어서 대체 뭐라고 하나 싶어서 궁금해서 찾아봤다니까요?

Eeny, meeny, miny, moe. (이니, 미니, 마이니, 모.)
Catch a tiger by the toe. (발가락으로 호랑이를 잡자.)
If he hollers, let him go, (그가 외치면 놓아주세요,)
Eeny, meeny, miny, moe. (이니, 미니, 마이니, 모.)

어릴 때 숨바꼭질 술래를 정할 때 음절 하나마다 사람을 가리키면서 노래를 불렀었는데 기억나세요? "누가 누가 술래가 될까요? 알아맞혀 보세요. 딩동댕!" 여기서 마지막 글자 '댕'에 걸리는 친구가 술래가 되었죠. 이것과 같은 맥락이라고 보시면 돼요. 마지막의 '이니, 미니, 마이니, 모!'에서 '모'에 걸리는 친구가 술래가 되거나 게임을 시작하는 사람이 됩니다.

캐나다 아이들의 놀이 영어

이번엔 가위바위보 등 놀이에서 많이 쓰이는 말들입니다.

첫 번째 그림의 rock, paper, scissors는 많이들 하시죠? 영어 버전의 가위바위보입니다. 순서가 한국과는 약간 달라요. 여기서 멋지게 쓰는 말이 하나 더 있어요. 바로 shoot입니다. 한국은 '보'에서 손을 내밀지만 캐나다에서는 'shoot'에서 손을 내밀어요. 우리나라에선 비기면 가위바위보하고 나서 계속 "보! 보! 보!"하면서 이기는 사람이 나올 때까지 계속하잖아요? 여기선 대신 "Shoot! Shoot! Shoot!"이라고 해요. 언어도 다르고 거리도 아주 먼데 비슷한 규칙이 신기하지 않나요?

두 번째 그림은 fist bump입니다. 하이 파이브 하는 느낌으로 많이 쓰죠. 주로 스포츠 게임할 때 선수들끼리 주먹을 부딪치면서 인사하는 모습으로 많이 볼 수 있는데요. 아이들끼리도 서로 같은 편일 때 파이팅 하면서 많이 써요. 주로 남자아이들끼리 많이 써서 그런지 bro bump 라고도 불려요.

다음은 criss cross applesauce로 일명 양반 다리 자세입니다. 왜 이름이 이렇게 붙었는지는 저도 잘 모르겠어요. 학교나 교실에서 놀이할 때 굉장히 많이 쓰는 말입니다. 아래의 fingers crossed는 '행운을 빌어'라는 뜻이랍니다.

Knock Knock Jokes

마지막으로 knock knock jokes는 소개하지 않을 수 없죠! 이건 아이들이 자동 반사적으로 "Knock knock!" 소리만 들리면 "Who's there?"가 튀어나오거든요. 여러 가지 변형들이 있는데 구글에서 제가 특별히 재미있게 느꼈던 것으로 가져와 봤어요.

Knock knock.
(똑똑. 문 두드리는 소리)

Who's there?
(거기 누구세요?)

Annie.
(애니야.)

Annie who?
(애니가 누군데?)

Annie way you can let me in!
(어쨌든, 나 좀 들여보내 줘!) *Annie way → anyway(어쨌든)의 언어 유희 부분

두 명이 대화합니다. "똑똑, 거기 누구세요?", "나 누구야!" 하면서 일종의 언어유희로 놀이하는 거예요. 어떠세요? 아이들은 뭐가 그리 웃기는지 늘 키득거리면서 끝없이 하더라고요.

여기서 소개해 드린 여러 가지 놀이는 유튜브 등에서 영상으로도 많이 찾아보실 수 있어요. 아이들과 부모님이 함께 해보면 추억도 함께 쌓일 것이라 생각됩니다.

knock knock jokes

Knock, knock.

Who's there?

Annie!

Annie who?

Annie way you can let me in!

Chapter 8

도형
(Geometry)

아이들이 처음으로 도형을 접할 땐 가장 쉬운 방법으로 접근해요.
색으로 도형 구분하기(classify shapes by color),
도형에서 패턴 찾기(shape patterns) 등으로요.
이런 문제를 계속 접하면서 자연스럽게
기본적인 도형의 이름을 알게 되고 도형에 친숙해져요.

Chapter 8

도형 (Geometry)

기하학이라고 하면 어렵고 생소하게 느껴질 수 있지만 쉽게 말하면 기하학은 도형에 관한 이야기예요. 기하학은 사물의 크기, 모양, 위치, 각도 등을 연구하는 수학의 한 분야입니다. 아이들이 처음으로 도형을 접할 땐 가장 쉬운 방법으로 접근해요. 색으로 도형 구분하기(classify shapes by color), 도형에서 패턴 찾기(shape patterns) 등으로요. 이런 문제를 계속 접하면서 자연스럽게 기본적인 도형의 이름을 알게 되고 도형에 친숙해져요. 어떤 문제인지 같이 보실 거예요. 정말 쉬워요.

색으로 도형을 구분하는 문제
(Classify Shapes by Color Question)

Which circle is yellow? (어떤 동그라미가 노란색인가요?)
아이는 두 번째 동그라미를 선택하면서 자연스럽게 동그라미가 무슨 모양인지 알게 됩니다.

도형 패턴 문제 (Shape Pattern Question)

What shape comes next? (어떤 도형이 다음에 나올 차례인가요?)

보통 유치원 때부터 ABAB 혹은 ABCABC 도형 패턴을 배우기 시작합니다. 아이들은 동그라미, 세모, 네모 순서대로 완성된 모양의 패턴을 따라 세모 다음엔 네모가 나온다는 패턴을 배우면서 동시에 도형도 같이 배워요. 이런 식으로 굉장히 쉽게 시작해요. 유치원에서 매일 도형 노래를 부르고 선생님과 함께 세모, 네모 모양 물건 찾기 게임 등을 통해 자연스럽게 도형을 배웁니다. 그럼 이제 본격적으로 도형에 대해 이야기해 볼까요?

도형은 2차원 도형(two-dimensional shape)과 3차원 도형(three-dimensional shape)으로 나눌 수 있어요. 쉽게 말하면 2D와 3D입니다. 다른 말로는 **평면 도형(flat shape), 입체 도형(solid shape)**이라고도 말해요.

제가 있었던 반의 선생님은 도형이 그려진 종이를 바닥에 눕히고 이렇게 놓이는 모형은 평면 도형이고, 책상에 물건을 두고 손에 쥘 수 있는 형태의 도형은 입체 도형이라고 설명해 주셨어요. 정말 쉽게 이해되는 설명이죠? 이렇게 형태에 따라 도형을 나누고, 또 거기서 더 도형을 세분화하게 됩니다.

그러면 2차원 도형을 제대로 살펴보기 전에 열린 모양부터 한번 보겠습니다. 아이들은 도형으로 바로 넘어가기 전에 열린 모양(open shape)과 닫힌 모양(closed shape)의 개념을 배우게 됩니다. 열린 모양은 시작점과 끝점이 다른 모양이나 그림으로 정의돼요. 즉, 열린 모양의 끝은 서로 만나지 않아요. 반면에 닫힌 모양은 시작점과 끝점이 서로 만나 닫혀 있는 모양이나 그림을 말합니다. 그럼 열린 모양은 도형일까요? 아니요, 도형이 아닙니다.

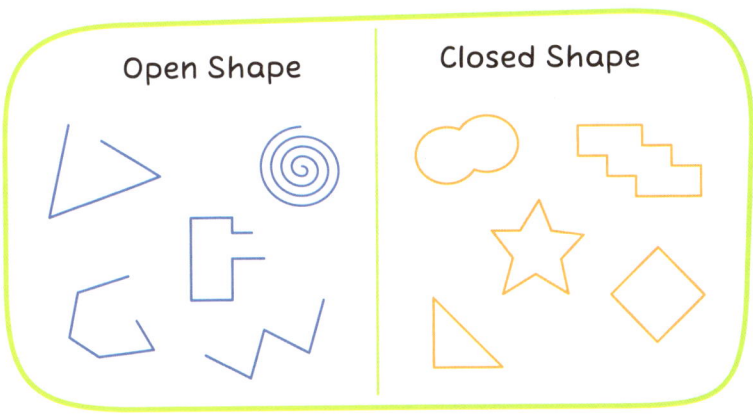

도형을 알기 위해선 **다각형(polygon)**이란 용어를 꼭 알아야 해요. 다각형이란 여러 개의 선이나 변으로 둘러싸인 평면 위에 있는 도형을 말해요. 왜 다각형을 알아야 할까요? 왜냐면 도형에 변이 몇 개나 있는지에 따라 도형 이름이 정해지기 때문이에요.

그럼 잠깐 퀴즈! 원은 다각형일까요, 아닐까요? 네, 원은 다각형이 아닙니다. 왜냐면 원은 변이 없이 둥글기 때문이에요. 변은 선의 개념으로 생각하시면 돼요. 가끔 이런 질문들을 선생님께서 하시니 기억해 두시면 좋을 것 같아요.

저학년에선 다각형의 개념을 다루지 않기 때문에 단순히 도형의 모양을 구분할 때는 동그라미, 세모, 네모, 다이아몬드, 별 모양 등 친숙한 것들 위주로 구분해요. 하지만 학년이 올라가고 다각형의 개념으로 넘어가게 되면 모양을 정확하게 분류하기 시작합니다. 한국에서도 동그라미, 세모, 네모라고 부르던 것들을 학년이 올라가면서 삼각형, 사각형 이렇게 용어가 바뀌는 것처럼요.

다각형 표를 같이 보겠습니다. 아까 말씀드린 것처럼 다각형은 변의 숫자를 기준으로 나뉘어요.

다각형의 종류 (Types of Polygons)

도형 변의 갯수	모양		도형의 이름
	규칙 (regular)	불규칙 (irregular)	
3			삼각형(triangle)
4			사각형(quadrilateral)
5			오각형(pentagon)
6			육각형(hexagon)
7			칠각형(heptagon)
8			팔각형(octagon)
9			구각형(nonagon)
10			십각형(decagon)

여기서 **정다각형(regular polygon)**은 정삼각형, 정사각형처럼 모든 변의 길이가 같은 도형을 의미해요. 불규칙 다각형(irregular polygon)은 각 변의 길이가 불규칙하기 때문에 어떤 그림이든 나올 수 있다는 게 정다각형과의 차이점입니다. 그림을 보시면 육각형부터는 사실 다 비슷비슷하게 생겨서 이게 육각형(hexagon)인지, 팔각형(octagon)인지 헷갈릴 때가 많아요.

도형을 유난히 어려워하는 아이들을 위해 선생님께서 주신 꿀팁 공유합니다! 길에서 흔히 볼 수 있는 멈춤 표지판(stop sign) 아시죠? 표지판은 8개의 변을 가진 팔각형이랍니다. 멈춤 표지판은 옥타곤! 이렇게 뭐든 헷갈릴 때는 하나만 정확하게 기억해도 훨씬 구분이 쉬워져요.

사실 도형의 구분은 여기서 끝이 아닙니다. 우리가 사각형을 정사각형, 직사각형으로 구분하듯 도형은 더욱 세분화할 수 있거든요. 다행히 모든 도형을 세분화해서 배우지는 않고요. 사각형(quadrilateral)과 삼각형(triangle)을 주로 많이 다루게 됩니다.

이번엔 영어로 삼각형과 사각형의 정의를 알아볼까요? 도형의 묘미는 정의를 알면 용어까지 배울 수 있어서 일석이조라는 점이랍니다! 각 도형의 정의를 읽어 보고 아래의 그림을 보시면 차이점이 쉽게 이해되실 것 같아요.

> A quadrilateral is a polygon having four sides, four angles, and four vertices. (사각형은 4개의 변, 4개의 각, 4개의 꼭짓점을 가진 다각형이다.)
>
> A triangle is a polygon with three sides, three angles, and three vertices. (삼각형은 3개의 변, 3개의 각, 3개의 꼭짓점을 가진 다각형이다.)

도형의 구성 (Composition of Shapes)

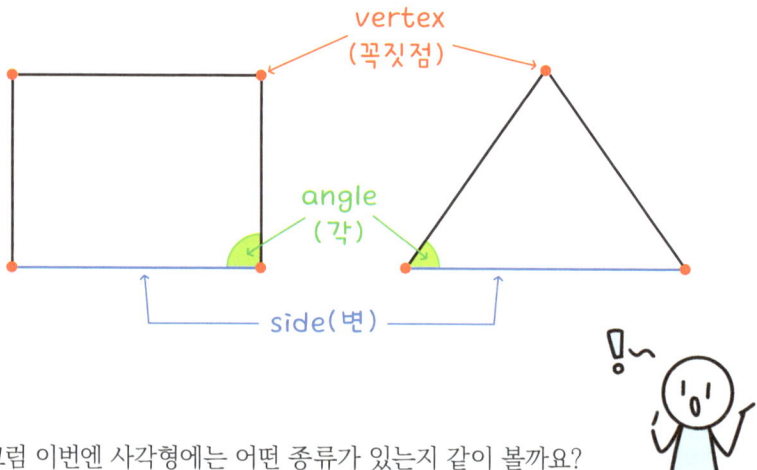

그럼 이번엔 사각형에는 어떤 종류가 있는지 같이 볼까요?

사각형의 분류 (Classification of Quadrilaterals)

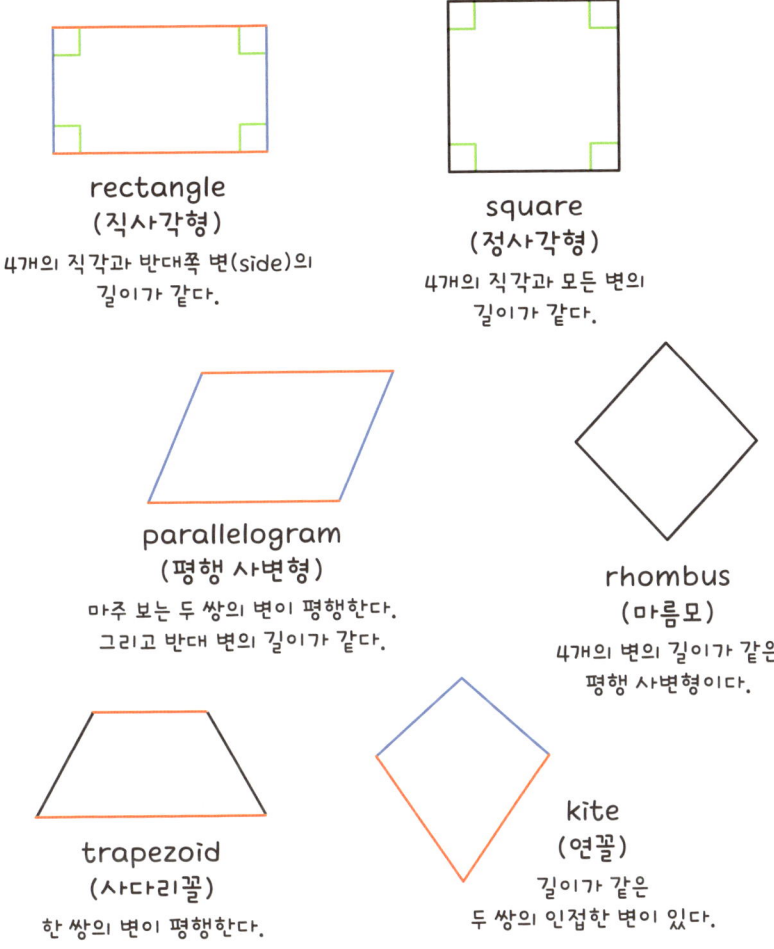

그림에서 보이듯 사각형은 직각이 있는지, 변이 평행한지 아닌지에 따라 분류됩니다. 그럼 삼각형은 어떨까요? 삼각형은 변의 길이나 각도 (angle)에 따라 나누어져요.

삼각형의 분류 (Classification of Triangles)

Case 1. 변(side)의 길이 기준

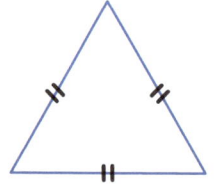

equilateral triangle
(정삼각형)
세 변의 길이가 같은 삼각형

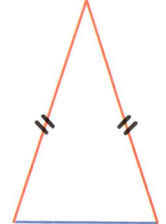

isosceles triangle
(이등변 삼각형)
두 변의 길이가 같은 삼각형

scalene triangle
(부등변 삼각형)
모든 변의 길이가 다른 삼각형

Case 2. 각도(angle)의 기준

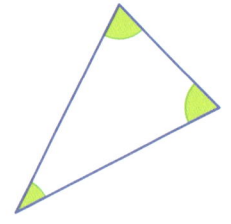

right triangle
(직각 삼각형)
한 개의 각이 90° 인 직각을
가진 삼각형

acute triangle
(예각 삼각형)
세 개의 각이 90° 보다 작은
삼각형

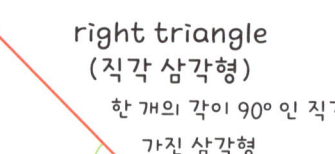

obtuse triangle
(둔각 삼각형)
한 개의 각이 90° 보다 큰 삼각형

여기서 삼각형의 이름은 각도의 이름을 따서 붙여졌는데요. 아래에서 한번 다시 보여드릴 거예요.

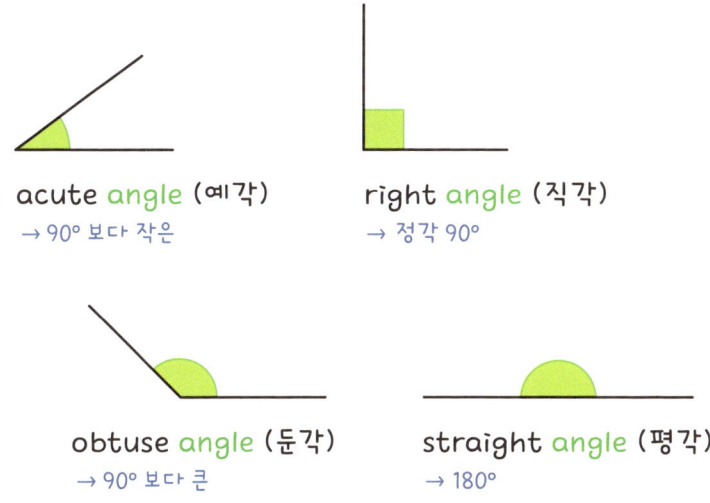

어떠세요? 이렇게 모두 모아보니 아이들이 알아야 할 도형의 이름들이 제법 되는 것 같지 않으신가요?

2D 도형은 이쯤에서 마무리하고 3D로 넘어가 보겠습니다. 위에서 말씀드린 선생님의 설명처럼 손으로 쥘 수 있고, 책상 위에 올려놓을 수도 있는 형체가 있는 도형이 3D 도형이에요. 그래서 2D 도형들과는 다르게 3D 도형은 부피(volume)를 갖게 되지요.

3D 모형은 **다면체(polyhedron)**와 **비다면체(non-polyhedron)**로 나누어지는데요. 다면체는 기하학에 등장하는 3차원 도형의 종류인데 사전적 정의는 다음과 같아요. 평면 다각형으로 둘러싸인 입체 도형, 즉 평면 위에 있지 않은 도형이 다면체의 정의입니다.

다면체의 종류 (Types of Polyhedrons)

type	examples	
prism (각기둥)	rectangular prism (사각기둥)	triangular prism (삼각기둥)
pyramid (각뿔)	square pyramid (사각뿔)	Pentagonal pyramid (오각뿔)
platonic solid (정다면체)	cube (정육면체)	

위의 다면체 차트에서 다면체(polyhedron)는 다시 각기둥(prism), 각뿔(pyramid), 그리고 정다면체(platonic solid)로 구분된 것을 볼 수 있는데요. 각 도형의 특징들을 한 번 살펴보고 넘어갈게요.

prism

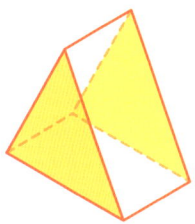

prism이란 다각형들을 면으로 가지는 입체 도형으로서, 각 양쪽 끝에 동일한 다각형을 가지고 마주 보는 두 변의 길이가 같습니다.

예) triangular prism
- 6개의 꼭짓점이 있다.
- 5개의 면이 있다.
- 9개의 변이 있다.

pyramid

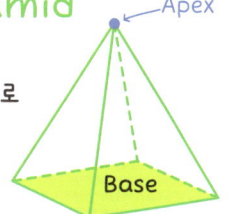

pyramid란 다각형을 밑변으로 하는 다면체로 이를 둘러싼 면이 삼각형의 형태를 가지며 모든 면은 하나의 꼭짓점에서 만납니다.

예) square pyramid
- 5개의 꼭짓점이 있다. 그중 모든 삼각형이 만나는 하나의 꼭짓점을 Apex라고 한다.
- 5개의 면이 있다. 밑면은 base라 한다.
- 8개의 변이 있다.

그럼 **정다면체(platonic solid)**란 무엇일까요? 답은 도형을 둘러싸고 있는 모든 면의 크기가 같은 도형입니다. 이번에는 정다면체 중 아주 유명한 모양인 정육면체(cube)의 특징에 대해서도 살펴보겠습니다.

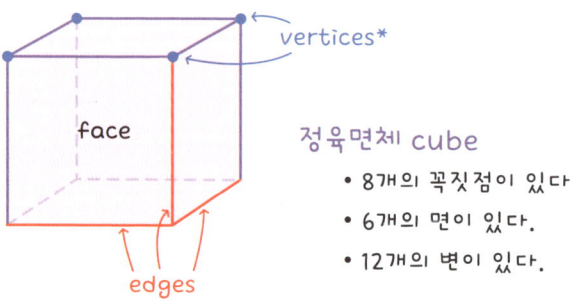

각기둥과 각뿔 도형은 위의 예시 말고도 많은 모형들이 있지만, 정다면체는 딱 5개의 도형만 존재해요. 이름을 알려드릴 테니 궁금하신 분들은 아이들과 함께 찾아봐도 좋을 듯합니다. 정사면체(tetrahedron), 정육면체(cube), 정팔면체(octahedron), 정십이면체(dodecahedron), 마지막으로 정이십면체(icosahedron), 이렇게 총 5개입니다.

그럼 이번엔 비다면체(non-polyhedron)를 살펴볼 차례입니다. **비다면체는 다면체와는 다르게 둥근 부분이 일부 들어가거나, 전체가 둥근 형태의 3D 도형을 말해요.**

비다면체의 종류 (Types of Non-polyhedrons)

type	examples	
partially curved surfaces (부분적으로 구부러진 곡면)	cone (원뿔)	cylinder (원기둥)
fully curved surfaces (완전 곡면)	sphere (구)	

도형의 이름과 특징들을 지금까지 같이 살펴보았는데요. 이제는 '이 도형에는 몇 개의 꼭짓점이 있습니까? (How many vertices does this shape have?)'란 문제가 나와도 아이와 함께 문제없이 찾으실 수 있겠죠?

이번엔 도형의 움직임에 대해서 알아보려고 합니다. 우리는 이것을 **변환 (transformation)**이라고 불러요. 기하학에서의 변환은 특정한 방식으로 기하학적 형상(크기나 위치 등)이 바뀌는 것을 말해요. 그림으로 한눈에 보여드릴게요.

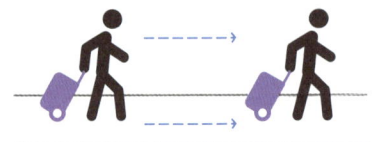
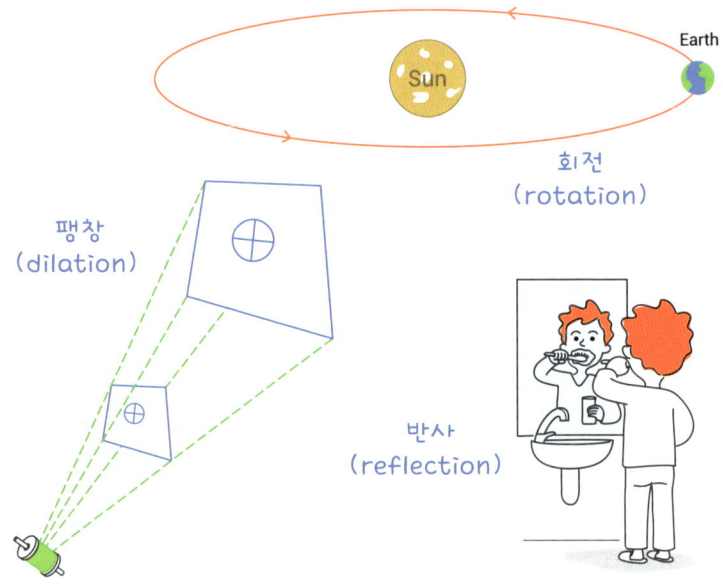

그림을 보시면 원본에서 사람이나 사물의 위치나 크기가 바뀌거나 움직임이 있어요. 혹은 원본의 좌우가 바뀌어서 보이기도 하고요. 원본 자체는 영어로 **preimage**라고 부릅니다. **변환(transformation)**으로 생성된 이미지는 한글과 똑같이 **image**라고 불러요. 거울에 비친 내 모습인 **반사(reflection)**를 예로 들어보면, 내 본래의 모습은 preimage, 거울에 비친 내 모습은 image인 것이지요.

이제 특징들을 정리해 보겠습니다.

Transformation(변환)	기능	결과
평행 이동(translation) 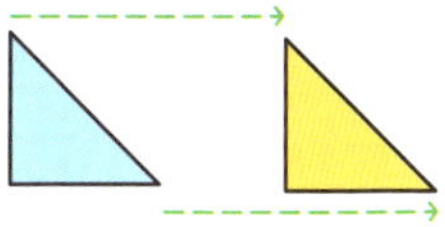	원본을 주어진 방향으로 같은 길이만큼 움직인다.	크기나 모양에 변화가 없으며 모양의 방향만 변화
회전(rotation) 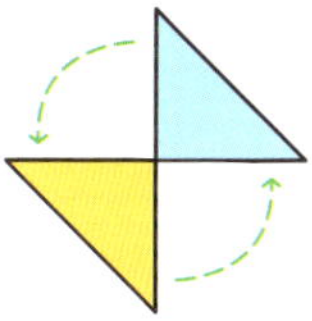	원본이 중심점을 기준으로 일정한 각도만큼 움직이며 원 모양으로 돈다.	크기나 모양에 변화가 없으며 위치만 변화
팽창(dilation) 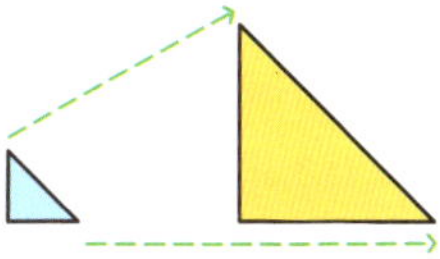	비율은 동일하게 유지하면서 새로운 이미지의 크기를 늘리거나 줄인다.	모양이 확장되거나 축소됨
반사(reflection) 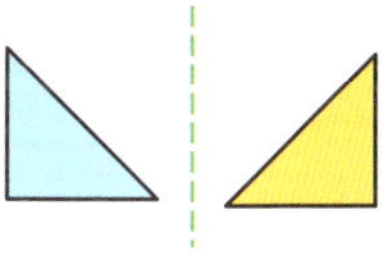	좌우가 뒤집힌 거울 이미지를 만들어 낸다.	좌우 대칭

한 가지 더 살펴볼까요? 대칭(symmetry)입니다. 대칭이란, 간단하게 물체를 반으로 나누면 똑같은 모양이 될 때 사용되는 명칭이지요. 위에서 도형의 변형을 살펴봤을 때 변형은 새로운 이미지를 만들어 내잖아요. 하지만 대칭은 그렇지 않고, 있는 원본에서 형태를 나누게 될 뿐이에요. 아래 그림을 보시면 바로 이해가 될 듯합니다.

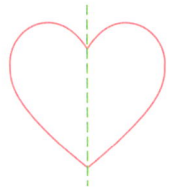  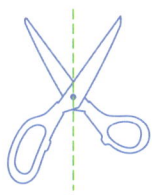

위 그림의 하트와 꽃은 대칭입니다. 절반으로 나누었을 때 양쪽이 똑같은 형태니까요. 하지만 가위는 대칭일까요? 아니죠. 엄지손가락을 넣는 부분이 더 작으므로 대칭이 아닙니다.

이렇게 대칭이 아닌 것을 **비대칭(asymmetry)**이라고 해요. 비대칭은 물체를 동일하게 반으로 나눌 수 없다는 것을 의미합니다.

그거 아세요? 자연의 많은 부분은 본질적으로 대칭으로 이루어져 있어요. 나비의 날개나 벌집의 육각형 모양처럼요. 자연에서 영감을 받은 사람들은 이집트의 피라미드처럼 균형 잡히고 비례에 맞게 대칭적으로 건물을 짓는 법을 배울 수 있었습니다. 그뿐만 아니라 고대 천문학자들은 천체들의 움직임에서 기하학의 패턴을 발견했고요. 모두가 잘 아는 대표적인 기하학의 움직임이 앞의 예시에도 나온 지구의 공전입니다. 기하학에서의 모든 움직임은 특정한 기준을 가집니다.

다시 도형으로 돌아가면 형태를 반으로 나누는 기준이 되는 점선을 볼 수 있는데요. 이것을 대칭선(line of symmetry) 또는 대칭의 축(axis of symmetry)이라고 부릅니다. 이 선은 우리가 물체를 반으로 접을 수 있는 기준으로 정의될 수도 있어요. 이 대칭선은 3가지로 나눠집니다.

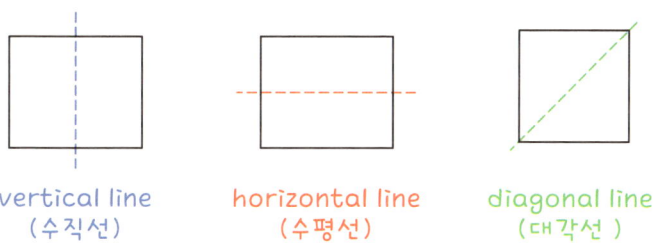

바로 수직선(vertical line), 수평선(horizontal line), 대각선(diagonal line)입니다. 이 선들이 한 도형 안에 여러 개가 들어갈 수도 있어요. 그렇다면 도형 문제는 어떤 식으로 나올까요?

Q: Which of following numbers has two lines of symmetry? (다음 숫자 중 두 개의 대칭선을 가진 숫자는 무엇인가요?)

a) 6   b) 3   c) 8   d) 4

네, 정답은 c) 8입니다. 왜 8인지 아시겠나요? 왜냐하면 숫자 8은 수직선과 수평선을 이용해 이등분할 수 있기 때문입니다.

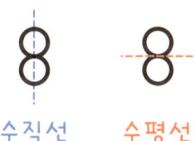

도형의 대칭과 변환은 고학년 때 함수 좌표에서 x축과 y축 값으로 회전 각도를 구하는 문제에서 사용되는 등, 방정식과 함수로 연결되는 중요한 부분이에요. 우리는 오늘 움직임의 이름과 특징을 살펴본 것일 뿐이고요. 기억하시나요? **모든 수학은 확장되며, 연결되고, 지금 아이들이 배우는 기초는 정말 중요하다는 것을요.**
도형 파트는 이쯤에서 마무리하도록 하겠습니다.

도형 (Geometry)

Chapter 9

단위
(Unit of Measurement)

실제로 아이들은 자를 이용해서 길이를 구하라는 질문에서부터 측정하는 법을 배우고 과정을 시작해요.
자를 물건의 어느 부분에 맞추어서 길이를 재기 시작해야 하는지, 물건의 끝은 어디인지, 어른들의 시점에서는 너무나 당연한 것들도 아이들에게는 생각하는 힘 자체를 길러주게 합니다.

Chapter 9

단위 (Unit of Measurement)

일상생활에서 길이를 측정하고, 단위를 계산하는 것은 굉장히 중요한 일입니다. 생각보다 우리는 단위 계산을 많이 하면서 살고 있거든요. 먼저 주부이자 엄마로서 저는 끼니마다 식사 준비를 하는데요. 준비하는 요리에 양념이 얼마나 들어가는지 늘 계량합니다. 아이들은 cm으로 자신의 키를 재기도 하고요. 시간 단위를 이용해 공부 계획을 세우기도 합니다. 또한 외출할 때 날씨의 온도를 확인하며 준비하기도 하고, 자동차로 이동할 때에는 속도를 늘 체크하면서 안전 운전을 합니다.

서론이 길었네요. 제 말의 요지는 이번 챕터인 측정 단위(unit of measurement)가 꽤 중요하다는 것입니다. 특이하게도 북미 지역에서는 다른 나라에선 쓰지 않는 계량 단위를 사용해요.

다시 요리 이야기로 잠깐 돌아가면 북미 지역의 레시피를 봤을 때 익숙하지 않은 단위들을 제법 발견하죠. 파운드, 온스, 갤런 등등. 제가 캐나다에서 10년 넘게 살고 있지만 아직도 적응되지 않는 것 중 하나가 이 단위예요. 그래도 캐나다는 파운드(pound)와 킬로그램(kilogram)을 혼용하기도 하고, 거리를 잴 때는 킬로미터(kilometer) 단위를 써서 헷갈릴 일이 적은 편인데요.

미국은 자동차 계기판도 마일(mile)로 나와 있고, 날씨도 섭씨가 아니라 화씨를 쓰는 등 여러 가지가 한국과 달라서 초기에 불편함을 많이 느낄 수 있어요. 북미 지역에서 나고 자란 사람들도 "왜 우리는 남들과 다른 단위를 써서 헷갈리게 만드는 거야!"라고 종종 불평하는 것을 볼 수 있는데요. 하지만 이미 쓰고 있는 것을 어떡하겠어요. 우리가 배우는 수밖에요.

다시 본론으로 돌아가 보겠습니다. 측정(measurement)은 어떻게 배우기 시작할까요? 항상 시작은 정말 쉬운 거 아시죠? 바로 크기 비교부터 시작합니다.

Q: Which one is smaller?
(뭐가 더 작은가요?)

Q: Order the pencils from longest to shortest.
(연필을 제일 긴 것부터 짧은 것까지 순서대로 놓으세요.)

길다, 짧다, 크다, 작다 등의 개념을 가르친 후에 본격적으로 측정을 배우기 시작합니다. 이 과정에서 아이들은 수학 기호 〉, 〈, = 도 배웁니다. 더 크다, 더 작다를 나타내는 이 기호들은 어떻게 영어로 읽을까요? 매우 쉬워요. 한국어 표현과 동일하게 greater than, less than, equal to라고 합니다.

7 〉 2 | Seven is greater than two.
(7은 2보다 크다.)

3 < 9　｜　Three is less than nine.
(3은 9보다 작다.)

5 = 5　｜　Five is equal to five.
(5는 5와 같다.)

다른 문제를 예시로 들어 볼게요.

　Q: Which is more? 6,001gram? or 6kg?
　　(무엇이 더 무거운가요? 6,001그램 또는 6킬로그램?)

　Q: Convert: 8,435m = _____ km, _____ m
　　(변환하세요: 8,435m를 km와 m로.)

　Q: Four pints equal _____ gallons.
　　(4파인트는 _____ 갤런과 같다.)

문제를 풀려면 단위(unit) 체계를 정확히 알아야 합니다. 그런데 세 번째 질문에서는 미국에서 쓰는 단위인 파인트(pint)와 갤런(gallon)을 모르면 전혀 이해할 수 없는 내용이 되죠. 이게 바로 아이들이 단위를 전반적으로 알고 있어야 하는 이유입니다.

우리나라에서는 전 세계에서 널리 통용되는 **미터법(Metric System)**을 사용합니다. 미터법은 국제단위계(International System of Units), 줄여서 SI units라고 부르기도 합니다.

하지만 미국과 캐나다는 영국에서 쓰이던 단위인 Imperial System, US Customary Units를 사용합니다. 앞서 말씀드렸듯 캐나다는 두 가지 방법을 다 사용하고 있어요.

unit	미터법 (Metric system)	영국식 (Imperial system)
길이 (Length)	킬로미터(kilometer) 1km = 1,000m 미터(meter) 1m = 100cm 센티미터(centimeter) 1cm = 10mm 밀리미터(millimeter) 1mm = 0.001m	피트(foot) 1foot = 12inch 인치(inch) 1inch = 0.083333feet 마일(mile) 1mile = 5,280feet 야드(yard) 1yard = 3feet
질량 (Mass)	킬로그램(kilogram) 1kg = 1,000g 그램(gram) 1g = 1,000mg 밀리그램(milligram) 1mg = 0.001g	온스(ounce) 1oz = 0.0625lbs 파운드(pound) 1lb = 16oz 톤(ton) 1ton = 2,000lbs
용량 (Capacity)	킬로리터(kiloliter) 1kl = 1,000l 리터(liter) 1l = 100cl 센티리터(centiliter) 1cl = 10ml 밀리리터(milliliter) 1ml = 0.1cl	갤런(gallon) 1gal = 4qts 파인트(pint) 1pt = 0.125gal 쿼트(quart) 1qt = 2pints 액량 온스(fluid ounce) 1fl. oz. = 0.05pt
온도 (Temperature)	섭씨(Celsius) 0°C = 32°F	화씨(Fahrenheit) 1°F = -17.22°C

이렇게 표로 비교해 보니 서로 사용하는 단위가 정말 다르죠? 우리에게 익숙한 단위는 모두 아니까 영국식(Imperial System)의 길이, 무게, 용량 등에 따라 단위 구분을 할 줄 알면 충분할 것 같아요.

이제까지 단위에 대해 살펴봤다면 이번에는 측정에 중점을 두고 살펴볼까요? 총 3가지로 나누어서 볼게요.

- 길이와 둘레(length and perimeter)
- 면적(area)
- 부피와 용량(volume and capacity)

길이와 둘레 (Length and Perimeter)

길이와 둘레에 대한 문제를 한번 같이 풀어 볼게요.

> Q: Find the length of the object with a ruler.
> (자를 이용해 물체의 길이를 구하세요.)

연필의 길이는 9cm입니다. 실제로 아이들은 자를 이용해서 길이를 구하라는 질문에서부터 측정하는 법을 배우면서 과정을 시작해요. 자를 물건의 어느 부분에 맞추어서 길이를 재기 시작해야 하는지, 물건의 끝은 어디인지, 어른들의 시점에서는 너무나 당연한 것들도 아이들에게는 생각하는 힘 자체를 길러주게 합니다. 위의 예시처럼 길이(length)를 구하는 법은 아주 쉬워요.

그런데 **둘레(perimeter)**란 단어는 다소 생소하죠? 사전적 의미를 찾아보니 주면, 외각, 경계라는 뜻이 나옵니다. 수학적 의미로는 물체를 둘러싼 가장자리의 거리의 합이라고 나옵니다. 어렵지 않네요. 둘레(perimeter)란 모든 변의 길이의 합으로 이해하면 되겠습니다.

문제를 한번 풀어 볼까요?

Q: Find the perimeter of each shape.
(각 모양의 둘레 길이를 구하세요.)

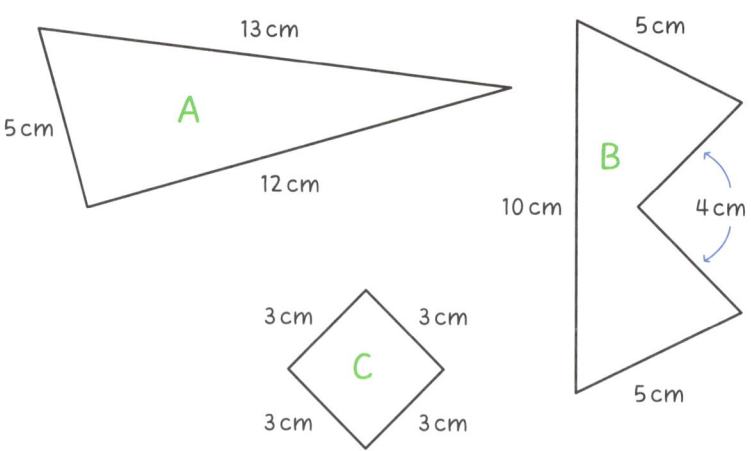

A: (**A**): 5 + 13 + 12 = 30
   (**B**): 10 + 5 + 5 + 4 + 4 = 28
   (**C**): 3 + 3 + 3 + 3 = 12

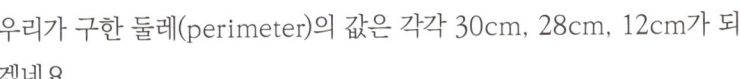

우리가 구한 둘레(perimeter)의 값은 각각 30cm, 28cm, 12cm가 되겠네요.

그럼 바로 앞의 챕터인 도형에서 배운 다각형(polygon)을 연결해서 생각해 볼까요? 사각형(square)은 네 변의 길이가 모두 같고, 직사각형(rectangle)은 마주하는 두 변의 길이가 같다. 이런 특징들 기억하시죠? 둘레를 확실하게 이해하기 위해 공식(formula)을 한번 배워 볼게요.

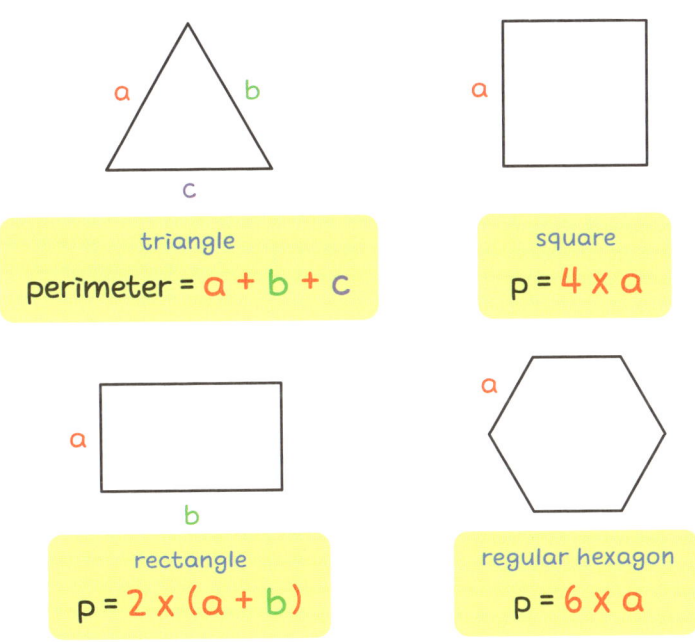

각각의 둘레를 구한 후에는 반드시 단위를 써야 합니다. 기준 단위가 무엇인지에 따라 센티미터, 인치, 피트 등의 다양한 단위가 나올 수 있습니다.

면적 (Area)

이번엔 면적(area)입니다. 면적을 알기 위해서 종이에 연필로 그림을 그려 볼까요? 저는 사각형을 그려 볼게요. 이 사각형은 2D 그림이 되겠죠? 이 사각형 그림이 종이에서 차지하는 공간을 면적(area)이라고 합니다.

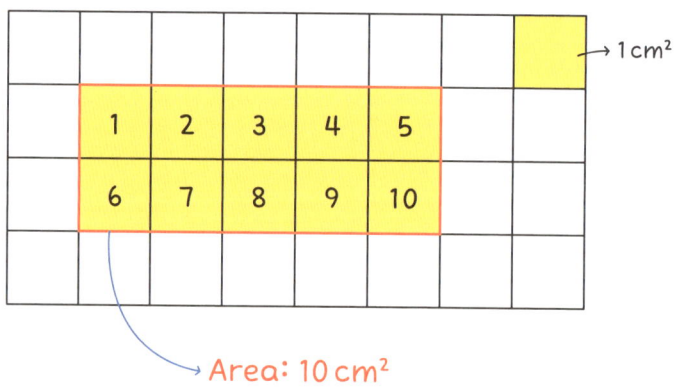

위의 그림을 보시면 도형을 눈금 위에 올려놓고, 도형이 차지하는 면적을 하나하나 세었음을 알 수 있지요? 즉, 도형의 면적은 2D 모양의 전체 표면을 덮는 데 필요한 넓이 단위(square unit)의 개수가 됩니다.

위 그림에서 사각형은 10개고, 단위는 cm이니까 면적은 $10cm^2$이 되지요. 면적을 측정하는 단위는 측량 단위에 따라 제곱센티미터(square centimeters, cm²), 제곱 피트(square feet, ft²), 제곱 인치(square inches, in²) 등의 단위로 표시됩니다.

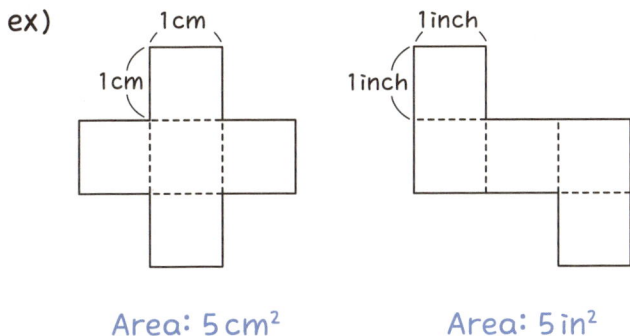

매번 면적을 구할 때마다 눈금으로 잘게 쪼갤 수도 없고, 그림이 커질수록 면적은 구하기가 힘들겠죠? 그래서 수학자들은 공식을 만들었어요.

> 면적 (area) = 길이 (length) × 너비 (width)

다만 이 공식은 삼각형이나 여러 가지 도형에 똑같이 적용할 수는 없어요. 그래서 다각형(polygon)으로 면적을 구하는 공식을 함께 다양하게 살펴보겠습니다.

a)

square = a × a
     = a² (square units)

b) rectangle = length x width
= l x w (square units)

c) triangle = $\frac{1}{2}$ x height x base
= $\frac{1}{2}$ x h x b (square units)

d) parallelogram = height x base
= h x b (square units)

e) trapezoid = $\frac{1}{2}$ x (a + b) x height
= $\frac{1}{2}$(a + b)h
(square units)

f) rhombus = $\frac{1}{2}$ x d_1 x d_2
(square units)

아이들은 학교에서 이렇게 공식으로 면적을 구하기 위해선 길이와 너비를 곱하면 된다고 배워요. 4학년쯤에 처음 기초가 되는 삼각형, 사각형 면적을 구하는 것을 시작으로, 6학년이 되면 평행 사변형이나 사다리꼴, 마름모 등의 면적을 구하는 공식을 배우게 된답니다. 그렇다면 문제는 어떤 식으로 나올 수 있을까요? 주관식 문제로 예시를 들어볼게요. 4학년 문제입니다.

> Q: A square name tag has sides that are 4 centimeters long. What is the name tag's area?
> (한 변의 길이가 4센티미터인 정사각형 모양의 이름표가 있습니다. 이 이름표의 면적은 얼마인가요?)

답은 16 square centimeters입니다. 센티미터의 단위를 사용한 면적 질문에는 반드시 **제곱센티미터(cm²)**를 사용해야 합니다. 이 문제에서 동시에 둘레(perimeter)도 물어볼 수 있어요, 실제로 둘레와 면적을 둘 다 구하라는 문제가 많아요.

그렇다면 이름표의 둘레는 어떻게 될까요? 사각형이니 둘레 또한 16 centimeter입니다. 여기서 주의하실 점은 둘레의 단위는 제곱센티미터가 아니라 센티미터라는 것입니다. 그렇다면 6학년이 되면 어떠한 문제를 만날 수 있을까요? 어렵지 않습니다.

> Q: Find the shapes that have the same area as the given shape.
> (주어진 도형과 같은 면적의 도형을 고르세요.)

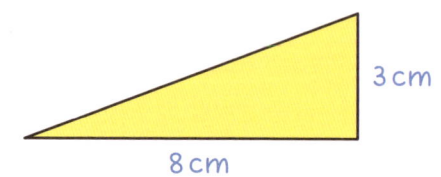

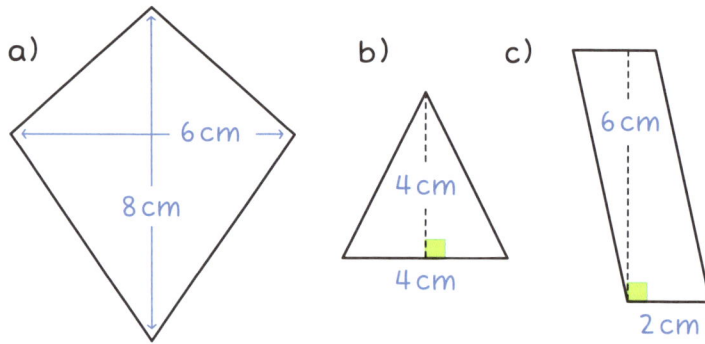

네, 정답은 c) 평행 사변형입니다.

부피와 용량 (Volume and Capacity)

앞에서 배운 면적(area)과 부피 및 용량의 개념을 아이들이 약간 헷갈릴 수 있을 것 같아요. 가장 큰 차이가 뭘까요? 면적은 2D이지만 부피와 용량은 3D라는 점을 꼭 알려주세요. 3차원 도형(three-dimensional shape)은 손으로 잡고 만질 수 있는 형체가 있는 물체라는 것 또한 기억하시죠?

그럼 부피와 용량의 차이는 무엇일까요? 한마디로 정리하면 **부피는 물체가 차지하는 공간을 말하고, 용량은 용기가 담을 수 있는 액체의 양을 말합니다.**

더욱 쉽게 표현해 볼게요. 집에서 물고기를 키우려면 수조가 필요하겠지요? 그리고 수조를 놓을 공간을 마련해야 해요. 그러기 위해선 수조의 부피를 알아야 합니다. 부피를 알아야 수조가 들어갈 만큼의 공간을 확보할 수 있으니까요. 그다음 단계는 무엇일까요? 네, 수조에 물을 채워 넣어야 합니다. 그래야 물고기가 살 수 있으니까요.

이렇게 수조에 채워 넣은 물의 양을 우리는 용량이라고 합니다. 너무 탁월한 설명이죠? 이것도 선생님이 수업 시간에 설명해 주신 내용이에요. 너무 알아듣기 쉽게 예를 들어 설명해 주셔서 머릿속에 쏙 들어왔지요. 이제 부피와 용량에 대해서 잘 이해했다면 부피를 계산하는 방법을 보실까요?

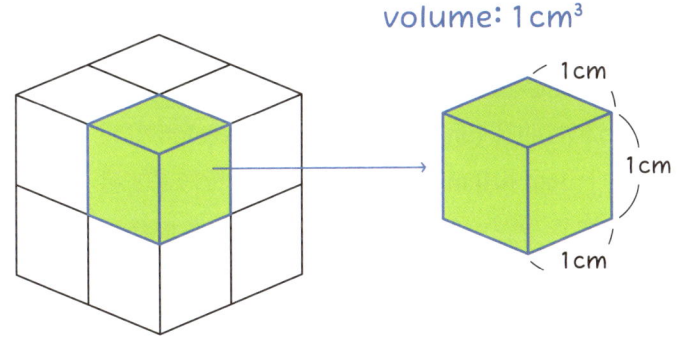

위의 그림은 8개의 정육면체(cube)로 이루어져 있습니다. 그래서 이 도형의 부피는 8세제곱센티미터(8 centimeter cubes)라고 할 수 있어요.

175

단위 (Unit of Measurement)

왜냐하면 이 도형이 1cm³의 부피를 가진 정육면체 8개로 이루어졌기 때문입니다. 그리고 8cm³라고 표기합니다.

부피는 단위 큐브(cubic unit)라는 단위를 사용하는데요. 이 단위는 각 면이 1단위(unit) 길이인 큐브이고, 세제곱이라고 표기합니다. 왜 세제곱이냐고요? 위에서 면적을 구할 때는 길이와 너비를 곱해준다고 했잖아요. 그 말은 두 변의 길이를 곱해준 것이죠. 그래서 제곱센티미터가 되었지요. 여기에 **부피를 구할 때는 길이와 너비를 곱하고 높이까지 곱해줍니다. 그래서 세제곱이 되지요.**

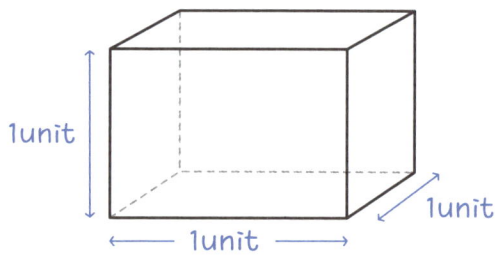

Cube = side × side × side
= 1unit × 1unit × 1unit = 1cubic unit (unit³)
= 1cm × 1cm × 1cm = 1cm³

unit에는 앞서 말씀드렸듯 크기나 측량 방식에 따라 cm, m, inch 등 여러 단위가 나올 수 있어요. 위 공식을 다른 크기의 육면체에 적용할 때, 변의 길이에 따라 숫자와 단위가 바뀔 수 있는 겁니다. 위에 언급했듯이 단위 큐브는 이러한 세제곱의 부피 단위를 나타내는 용어입니다. 그럼 이제 다각형(polygon)의 부피 구하는 공식을 알아봐야겠지요?

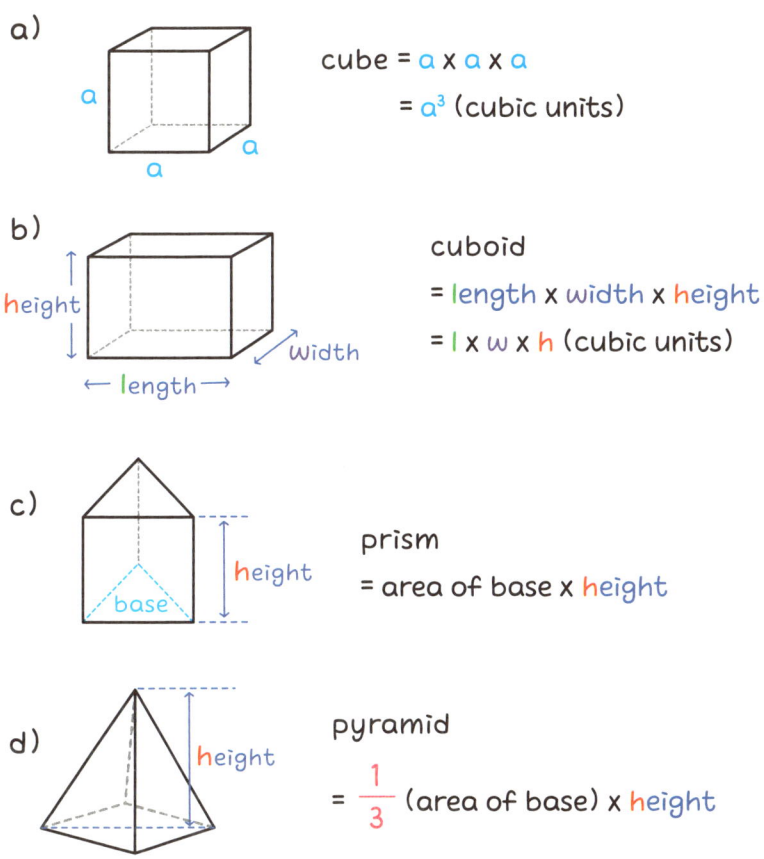

기둥(prism)과 각뿔(pyramid)의 경우엔 도형 특성상 밑변의 모양에 따라 구하는 공식이 달라지기 때문에 위와 같이 표시했어요.

그럼 이제 용량(capacity)을 구하는 방법을 알아봐야 하는데요. 위의 예시처럼 정육면체의 형태일 경우엔 구하는 방법이 동일합니다. 용기의 가로와 세로의 길이를 곱하고, 용액의 높이를 곱하는 거죠.

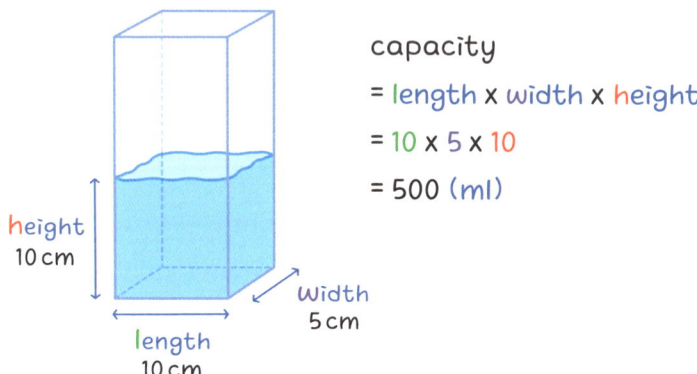

여기서 부피(volume)와의 차이는 용기의 높이가 아닌 용액의 높이라는 점과, 단위가 cm³에서 ml로 바뀐 것뿐입니다. 어렵지 않지요?

부피 (Volume)	용량 (Capacity)
1 cm³	1 ml
1,000 cm³	1 L
1 m³	1 kl

모두 동일한 용량인데 다르게 표기되는 게 신기하지 않나요? 이렇게 네모반듯한 용기에만 물이 담긴다면 너무 쉽겠죠? 하지만 액체의 특성상 어떤 용기에 담기냐에 따라 형태 자체가 달라집니다. 그래서 사람들은 용량을 측정하기 위해 여러 가지 용기를 써요.

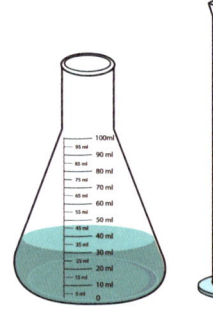

가장 흔히 볼 수 있는 용기는 베이킹에 쓰이는 계량컵 비커(beaker)겠지요? 그밖에는 플라스크(flask), 뷰렛(burette), 눈금실린더(graduated cylinder) 등이 있습니다. 이런 용기에는 눈금이 있어서 매우 읽기가 쉽다는 게 특징입니다.

이렇게 사람들은 여러 가지 도구를 사용해서 사물의 정확한 크기, 부피, 무게 등을 측정하기 위해 노력해 왔습니다. 이러한 도구가 발달하기 전에는 어땠을까요? 이에 관련된 오래되고 유명한 이야기가 생각이 나네요. 바로 "유레카!"를 외쳤던 그리스의 철학자이자 수학자인 아르키메데스(Archimedes)의 이야기입니다.

왕이 자기 왕관에 불순물이 섞여 있는지를 알아 오라고 그에게 명령을 내렸죠. 단, 조건은 왕관을 부수거나, 녹여서는 안 된다고 했고요. 며칠 동안 고민만 하던 아르키메데스는 물이 가득 찬 목욕탕에 들어가서 자신의 부피만큼 물의 용량이 넘치는 것을 보고 답을 찾았다는 이야기요.

우리는 여전히 같은 방식으로 용량을 구하고 있습니다. 울퉁불퉁한 돌멩이의 부피를 측정하려면 계량컵에 모은 뒤, 넣기 전후의 물 높이의 차이를 재면 됩니다. 혹시 '유레카'의 뜻을 알고 계시나요? '깨달았다'는 뜻입니다. 아이들이 공부하며 늘 유레카를 외칠 수 있으면 좋겠습니다.

단위 (Unit of Measurement)

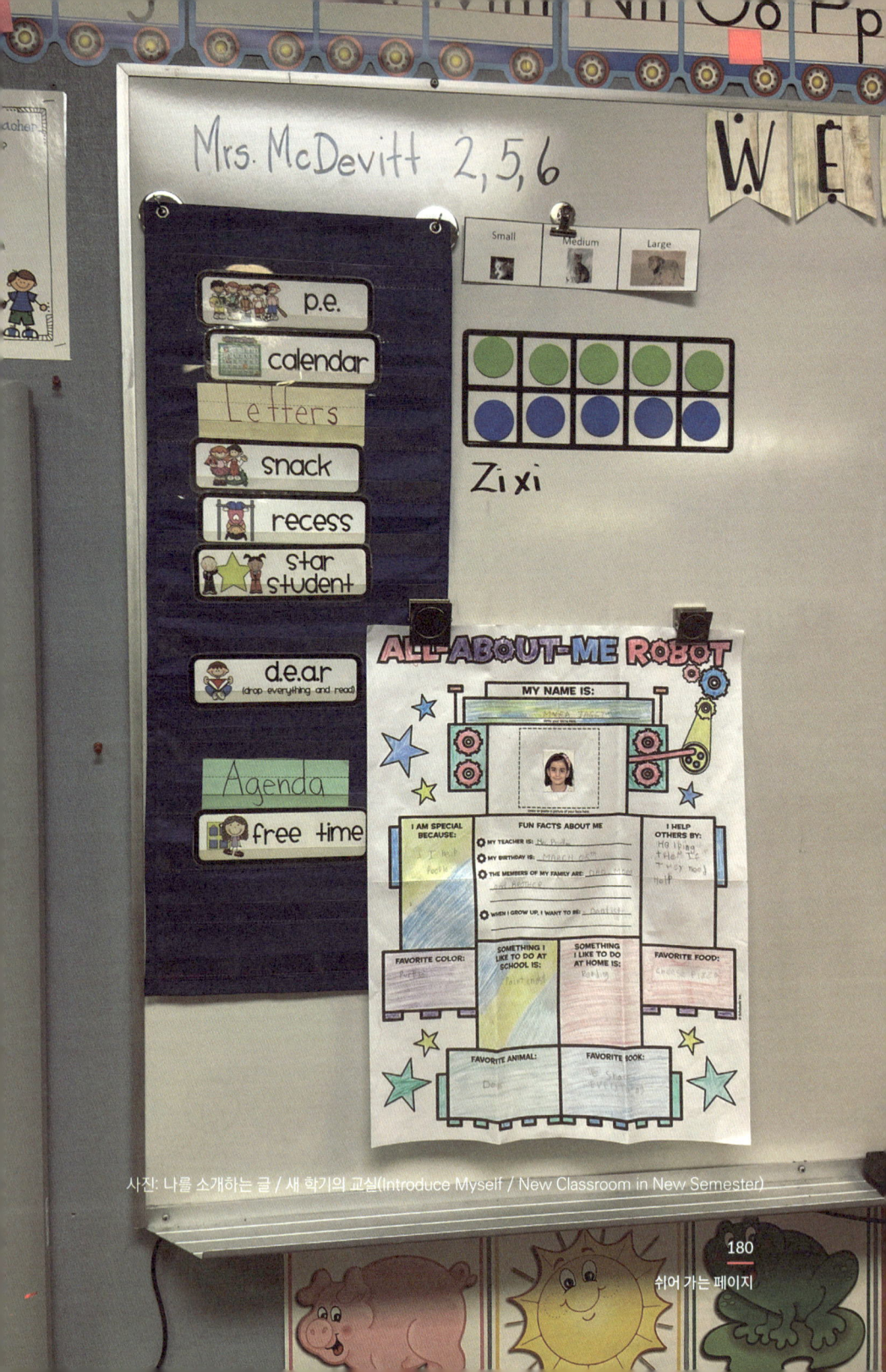

사진: 나를 소개하는 글 / 새 학기의 교실(Introduce Myself / New Classroom in New Semester)

캐나다 학교의 일 년
A Year in Canadian School

캐나다에서 학생들이
어떻게 일 년을 보내는지 궁금하시죠?
한국의 새 학기가 3월에 시작되는 것과는 다르게
캐나다의 새 학기는 9월에 시작해요.
12월에는 크리스마스를 포함한 2주간의 겨울 방학이 있고,
3월에 또 일주일의 짧은 봄 방학,
그리고 7, 8월에는 긴 여름 방학이 있어요.
이번 기회에 같이 캐나다 학교의 1년 사이클이
어떻게 되는지 알아볼까요?

새 학기, 새로운 출발 (New Semester, New Beginning)

새 학기가 시작됩니다. 주로 나를 소개하는 글을 쓰거나, 미술 시간에 초상화를 그려 교실 벽면에 붙여 놓습니다. 반 친구들과 서로를 알아가는 시간이에요. 방학 때 무엇을 했는지 이야기도 나누면서 시끌벅적하게 학기를 시작합니다.

테리 폭스 마라톤 행사 (Terry Fox Run)

9월 둘째 주 혹은 셋째 주에 'Terry Fox Run' 행사가 있어요. 테리 폭스는 캐나다 사람이라면 모두가 알고 있는 국민 영웅입니다. 1981년 22살의 젊은 나이에 암으로 사망했어요. 죽기 전까지 암 환자를 위한 모금 활동으로 마라톤을 해서 더욱 유명합니다. 동쪽 끝 섬 뉴펀들랜드에서 시작해서 143일 동안 무려 5,373km를 달렸지요. 테리가 마라톤을 시작했을 때 그는 이미 뼈암으로 인해 오른쪽 다리를 무릎 위까지 절단한 상태였어요. 그래서 더욱 대단하게 느껴집니다. 의족을 달고 달린 끝없는 도전으로 그는 지금까지도 희망의 아이콘으로 기억되고 있어요. 매년 그의 이름을 딴 암 환우를 위한 모금 활동은 계속되고 있고요. 학생들도 기부나 행사에 참여하고 모두 함께 운동장을 뛰는 행사를 합니다.

주황색 셔츠 데이 (Orange Shirt Day)

9월 30일에는 Orange Shirt Day가 있어요. 이름도 생소한 오렌지 셔츠 데이, 무슨 날일까요? 이날은 '모든 아이는 소중하다'라는 의미의 'Every Child Matters'라고 쓰여 있는 주황색 셔츠를 입습니다. 혹은 문구가 없더라도 주황색 계열의 셔츠를 입고 그날을 함께 기념하지요.

캐나다는 유럽에서 온 이민자들에 의해 세워진 나라잖아요? 땅을 점령한 이민자들이 원래 살고 있던 원주민들을 교육한다는 이념 아래 어린이들을 모두 기숙 학교(residential school)에 강제로 보내서 부모와 따로 떨어져 살게 했어요. 그러면서 기존에 사용하던 언어를 사용하지 못하게 하고 문화도 억압했지요. 한국으로 치면 일제 강점기의 민족 말살 정책과 유사한 과거입니다. 이날은 그 기숙 학교에서 살아남은 사람들을 기리며 돌아오지 못한, 잃어버린 삶들을 기억하는 날이랍니다.

사진: 오렌지 셔츠 데이(Orange Shirt Day)

캐나다 학교의 일 년 (A Year in Canadian School)

'오렌지 셔츠 데이'가 생긴 지는 오래되었는데 정식으로 캐나다의 공휴일이 된 건 2021년부터예요. 2021년 봄에 기숙 학교 자리에서 또 다른 215구의 유해가 발견되었거든요. 이 사건을 통해 다시 한번 많은 사람들이 슬픔을 느끼게 되었고, 오렌지 셔츠 데이라고 지칭하는 날, 즉 진실과 화해의 날(Truth and Reconciliation Day)이 공휴일로 지정되었습니다. 학교에서는 기숙 학교에 대한 책을 읽고, 생존자들의 인터뷰를 보기도 해요. 주황색 셔츠를 그려서 학교 벽을 장식하는 활동 등도 합니다. 실제로 저희 반 선생님은 아이들을 가르치면서 자기는 어렸을 때 캐나다 역사에 이런 기숙 학교가 존재하는지 몰랐다고, 학교에서 말해주지 않았다고 아이들에게 설명했어요. 쉬쉬하고 덮었던 과거를 인정하고 마음속 깊이 사과할 줄 아는 캐나다인의 자세를 배우는 날입니다.

추수감사절 (Thanksgiving Day)

10월 둘째 주 월요일은 추수감사절(Thanksgiving Day)입니다. 11월에 있는 미국보다 한 달 빨라요. 아마 캐나다가 겨울이 빨리 찾아오니 그만큼 가을도 빠르고 추수를 일찍 하는 게 이유가 아닐지 생각해 봅니다.

학생들은 학교에서 추수감사절을 맞이해 감사할 것에 대한 이야기를 나눕니다. 그래서 'I'm thankful….'에 대해 글도 쓰고 그림도 그려요.

사진: 아이들의 다양한 가을과 관련된 활동(Autumn Activity)

제 큰아이가 유치원에 갔을 때 동영상에서 "I'm thankful for my family."라고 수줍게 말하며 웃는 모습이 아직도 눈에 선한데요. 영어 한마디도 못 하고 보낸 터라 걱정이 이만저만이 아니었는데 정말 감동적이었어요. 다시 생각해도 눈물이 나네요.

사진: 호박 장식(Pumpkin Decoration)

호박 관련 행사 (Pumpkin Events)

10월의 행사에서는 호박을 빼놓을 수 없지요. 가게마다 호박으로 장식을 시작하고 캐나다 곳곳에서 펌킨 패치라는 행사가 열립니다. 펌킨 패치는 호박 농장에 가서 호박을 따는 행사인데 주로 가족 단위로 즐기는 일이에요. 학교에서도 호박을 그리고, 호박 그림으로 벽을 꾸미기도 해요. 그리고 방금 말씀드린 펌킨 패치에서 따온 호박으로 집 앞을 장식하다가, 10월 31일이 되기 며칠 전부터는 호박 속을 파내기 시작해요. 10월 31일이 핼러윈 데이(Halloween Day)니까요!

핼러윈 데이 (Halloween Day)

핼러윈에는 호박 속을 파낸 다음 웃는 얼굴로 조각하고, 안에 불을 켜두면서 동네 곳곳을 꾸민답니다. 학교에선 아이들이 각자 코스튬을 입고 와서 반별로 학교 곳곳을 돌아다니는 퍼레이드를 해요. 선생님들은 사탕이나 간식을 잔뜩 준비해 놓고 기다리고 있고요. 이렇듯 모두가 신나게 웃고 즐기는 핼러윈 데이를 마지막으로 가을이 마무리됩니다.

사진: 핼러윈 행사(Halloween Event)

현충일 (Remembrance Day)

11월 초가 되면 캐나다에선 왼쪽 가슴에 빨간 꽃을 단 사람들을 볼 수 있어요. 이것은 Remembrance Day, 즉 우리나라로 치면 현충일을 기념하기 위해서지요. 이날은 1918년 11월 11에 끝난 제1차 세계 대전을 기억하며, 전투에 참가했던 모든 이들을 기리고 감사하기 위해 제정되었습니다. 매년 11월 11일 11시에 2분 동안 묵념의 시간을 가지게 됩니다. 빨간 꽃인 양귀비(poppy)는 이날의 상징입니다. 양귀비가 리멤버런스 데이의 상징이 된 이유는 캐나다군 중령으로 참전한 군의관 John McCrae가 전쟁 중 전사자들 틈에 흐드러지게 피어 있는 꽃을 보며 쓴 유명한 시 In Flanders Fields 때문입니다. 이 시는 캐나다 학생이라면 꼭 배우고 넘어가는 유명한 시예요. 전문을 옮겨 볼게요.

In Flanders Fields
플랜더스 들판에서

by John McCrae (1872-1918)
존 맥크레이

In Flanders fields the poppies blow
양귀비꽃이 피어있는 플랜더스 들판에서는
Between the crosses, row on row,
십자가들 사이, 줄마다,
That mark our place; and in the sky
우리의 자리를 표시하며, 하늘에서는

The larks, still bravely singing, fly
아직도 용감하게 노래하는 종달새가 날아가요.
Scarce heard amid the guns below.
총성 아래에서 잘 들리지 않지요.

We are the Dead. Short days ago
우리는 죽은 자들이에요, 얼마 전까지만 해도
We lived, felt dawn, saw sunset glow,
우리는 살아있었고, 새벽을 느꼈으며, 석양빛을 보았지만
Loved and were loved, and now we lie
사랑했고 사랑받았던 우리는, 이제 누워있어요.
In Flanders fields.
플랜더스 들판에서.

Take up our quarrel with the foe:
우리의 적과의 싸움을 이어가 주세요.
To you from failing hands we throw
당신들에게 나의 떨구는 손으로 던지는 것은
The torch; be yours to hold it high.
바로 횃불입니다. 부디 당신들이 높이 들고 있기를.
If ye break faith with us who die
만약 그대가 우리가 죽음으로 지키던 신념을 어긴다면,
We shall not sleep, though poppies grow
우린 잠들지 않을 거예요, 양귀비꽃이 피어있을지라도요.
In Flanders fields.
플랜더스 들판에서.

캐나다 학교의 일 년 (A Year in Canadian School)

플랜더스 들판에서의 참혹함이 느껴지시나요? 이날은 학교에서 조회(assembly)가 열리고, 학교마다 조금씩은 다를 수 있지만 국가를 부르면서 시작해요. 트럼펫 연주를 시작으로 잠깐 침묵의 시간을 보냅니다. 이날 참전 용사들이 초대되어 행사에 참석하기도 하고, 합창을 하거나 위에서 소개한 시를 낭독하기도 합니다. 이 행사는 캐나다 전역에서 진행되고, 캐나다 수도인 오타와에서 열리는 공식 행사는 생방송으로 전국에 방송됩니다. 매우 중요한 날 중 하나이기 때문에 학교에서는 고학년이 될 때까지 눈높이에 맞춰 11월 초에 세계 1, 2차 대전에 대한 역사를 많이 배우게 됩니다.

매년 반복되는 교육으로 고학년이 되면 확실하게 왜 우리가 전쟁에 참전한 모든 분을 존경하고, 기억해야 하는지 알게 되지요. 제가 참여했던 6학년 사회(social science) 시간에는 한국의 6.25 전쟁을 의미 있게 다루더라고요. 캐나다에서 총 2만 6천 명을 파병한 전쟁이라고 합니다. 정말 많은 숫자지요? 그리고 캐나다 매니토바주의 위니펙에는 아직도 '가평 공원'이 있어 그곳에서 한국 전쟁을 기억합니다. 아이들은 그 당시의 동맹국을 되짚어 보기도 해요. 학교에서는 아이들에게 자연스럽게 집에 군인이 있었는지, 있었다면 어떤 전쟁에 참여했는지 등을 질문하기도 합니다.

7학년인 제 아이는 유대인 홀로코스트에 대해 배우더라고요. 관련 사진들을 보고 아이가 참혹함에 충격을 받았지만 역사적 사실임을 받아들였습니다. 이렇듯 학년의 눈높이에 맞춰 소화할 수 있는 만큼 배우는 캐나다의 교육 방식을 저는 매우 찬성합니다.

사진: 양귀비(Poppy) / 현충일 조회(Remembrance Day Assembly)

사진: 크리스마스 트리로 꾸민 교실(Class with Christmas Tree)

12월 December

크리스마스 (Christmas Day)

벌써 12월이네요! 12월 하면 바로 떠오르는 행사가 있죠. 네, 크리스마스입니다! 아이들이 손꼽아 기다리는 휴일이죠. 겨울 방학이 시작되는 날이기도 합니다. 당연히 학교에서는 12월부터 눈사람, 눈송이, 휴일 등의 주제로 미술 시간에 작품을 만들기도 하고, 사회 시간에는 다른 문화권의 겨울 공휴일에 대해서도 가르쳐요. 예를 들어 유대인들은 크리스마스는 기념하지 않고, 고유의 하누카(Hanukkah)를 즐기는 점 등을요.

이민자들의 나라인 캐나다는 다른 나라의 문화와 관습을 배우는 시간을 자주 가져요. 함께 일하는 동료들도 저에게 한국에서 크리스마스를 기념하는지에 대한 질문을 종종 하곤 했는데 처음에는 좀 이상하게 느껴졌어요. 왜냐면 크리스마스는 지금까지 전 세계에서 모두가 다 즐기는 휴일인 줄로 알았거든요. 역시 세상은 넓고 배울 것은 많습니다!

다시 학교생활로 돌아가서 겨울 방학 전 마지막 수업에서 아이들은 편안하게 영화를 보기도 하고, 선생님에 따라서는 핫초코나 팝콘 등 간식을 준비해 주시기도 해요. 아이들도 휴일 모드로 들어가서인지 마지막 한 주는 카드를 만드는 등 편안한 활동과 분위기를 즐긴답니다.

캐나다에서도 선생님께 크리스마스 선물을 하는지 궁금하시지 않나요? 네, 여기서도 선물을 해요. 아이들이 겨울 방학 전에 손 비누, 초콜릿, 컵, 스타벅스 기프트카드 등 선생님이 좋아하실 만한 것들을 카드와 함께 드려요. 단, 거창하지 않은 걸로 준비합니다. 소문에는 밴쿠버 등의 대도시에서 중국 엄마들이 스케일이 큰 선물로 선생님들을 휘어잡고 있다는 이야기도 있지만, 대부분은 소박하고 마음이 담긴 선물로 준비하는 편이에요.

크리스마스 콘서트 (Christmas Concert)
아, 그리고 크리스마스 콘서트를 잊을 뻔했어요. 전교생이 학년별로 공연을 준비해서 크리스마스 콘서트를 연답니다. 전교생과 학부모들이 참여하는 행사이기 때문에 주로 주변의 큰 교회나 강당을 빌려서 하기도 합니다. 한국 학교의 학예회에서 내 아이를 발견하는 기쁨! 여기서도 똑같이 느끼실 수 있어요. 음악과 함께 연말 분위기가 물씬 나요. 콘서트를 마치면 모두가 기다리던 겨울 방학이 시작되면서 12월이 마무리됩니다.

사진: 크리스마스 콘서트장으로 꾸민 체육관(Christmas Concert Hall) / 리허설 행사(Rehearsal Day)

사진: 크리스마스 콘서트(Christmas Concert)

겨울 방학의 끝 (End of Winter Vacation)

새해가 지나 1월과 2월이 됩니다. 2주간의 짧았던 겨울 방학이 끝나면 아이들은 학교로 다시 돌아와요. 행사로 바빴던 첫 학기와는 다르게 학교에선 조용하게 수업을 진행합니다. 봄을 기다리는 지루한 시간이기도 해요. 하지만 학교생활에는 늘 소소한 즐거움이 있지요.

제가 있는 학교 같은 경우에는 체육 시간에 아이들이 썰매를 탈 수 있는 시간을 주기도 해요. 고학년의 경우에는 단체 야외 활동으로 스노우 부츠를 신고 눈밭을 걷는 Snow Shoeing을 하기도 해요. 교육청에서는 학교별로 배구 토너먼트 대회를 개최하는 등의 행사를 열기도 해서, 점심시간 등을 이용해 연습하기도 합니다.

또 아무리 추운 날이라도 오전, 오후에 각각 1번, 또 점심시간에 1번은 휴식 시간(recess)을 가져요. 체감 온도 기준 -27도 이하로 떨어지지 않으면 무조건 나가서 놀고 들어오게 되어 있어서 스노우 팬츠, 장갑 등이 필수품입니다. 아이들은 나가서 며칠에 걸쳐 거대한 이글루를 만들기도 하고, 눈사람도 만드는 등 여러 가지 활동으로 겨울을 즐겨요. 참! 캐나다의 눈사람은 한국과 약간 다른 것을 아시나요? 한국 눈사람은 머리, 몸통 이렇게 두 덩어리를 이어서 만든다면, 캐나다에서는 눈 세 덩어리를 얹어 만들어요.

다시 학교생활로 돌아가서 고학년 아이들은 체스나 보드게임 클럽 등 동아리 활동에 참여하기도 하고, 저희 아이의 학교의 경우에는 1, 2월 동안에 2월에 있는 뮤지컬 공연을 준비하기도 합니다. 7, 8학년 아이들이 직접 연출하고, 출연해서 만드는 공연이라 더욱 의미가 깊어요. 아이들 역시 지루할 틈도 없고요.

밸런타인데이 (Valentine's Day)

2월 14일 밸런타인데이(Valentine's day)에는 아이들이 조그만 선물(goody bag)을 만들어서 반 친구들 모두에게 나눠줘요. 어떤 아이는 카드만 주기도 하고, 어떤 아이는 사탕이나 초콜릿을 돌리기도 하고 다양하게 진행됩니다.

사진: shutterstock

사진: 레프리컨을 잡기 위한 덫을 만들기 위해 모인 아이들

세인트 패트릭 데이 (St. Patrick's Day)

3월은 캐나다에서 '아직 겨울이지만 좀 덜 추워서 살 만한데?'라는 마음과 동시에, 봄이 올 듯 말 듯 해서 '얼른 겨울이 끝나면 좋겠다.'라는 마음이 공존하는 시기예요. 이런 시기에 모처럼 우리를 신나게 하는 이벤트가 있지요. 바로 3월 17일, 세인트 패트릭 데이(St. Patrick's Day)랍니다. 이날은 아일랜드에 처음 기독교를 전파한 성인 패트릭을 기리기 위한 날이에요. 캐나다뿐 아니라 북미 지역과 영국, 호주 등의 많은 나라에서 동시에 이날을 기념하고 있답니다. 세인트 패트릭 데이의 가장 큰 특징은 어디에서든 온통 녹색으로 꾸민 사람들을 볼 수 있다는 것인데요. 아일랜드 국기에도 있는 녹색과 풀이 이날의 상징이에요. 그럼 학교에선 어떤 행사를 할까요?

학교에서는 아일랜드의 요정인 레프리컨(leprechaun)에 관련된 행사를 해요. 레프리컨은 아일랜드 전설 속의 요정인데요. 구두장이 요정이라고도 알려져 있고, 황금을 좋아해서 여기저기 숨겨 놓고 다닌다고 합니다. 그래서 자기가 좋아하는 금은보화를 찾으려고 온 집안을 엉망으로 만들어 놓는다고 해요. 대신, 우리가 레프리컨을 잡게 되면 세 가지 소원을 들어주거나 황금 동전을 준다고 해서, 아이들은 레프리컨을 잡기 위해 안간힘을 씁니다. 그래서 유치원생과 어린 초등학생들은 선생님이 미리 어질러 놓은 교실을 보면서 "레프리컨이 진짜 왔다 갔네!"라고 놀라면서 보물찾기 놀이를 하기도 해요.

좀 더 고학년생들은 여러 가지 재료를 활용해 레프리컨을 잡기 위한 덫을 만드는 활동을 합니다. 과학 시간에 배운 원리들을 이용해 막대기를 건드리면 상자가 닫히는 실험을 하기도 하고, 또 레프리컨을 만났을 때 빌 세 가지 소원에 관해 쓰기도 해요. 재밌겠죠? 그렇게 즐겁게 지내다 보면 일주일간의 봄 방학이 시작됩니다!

부활절 (Easter)

짧은 봄 방학이 끝나고 4월이 되면 부활절(Easter) 휴일이 있어요. 부활절 토끼나 달걀 사냥(Easter bunny, Easter egg hunting) 등 정말 많은 행사가 이곳저곳에서 진행돼요. 하지만 학교에서는 부활절에 대한 특별 활동은 딱히 많이 하지 않습니다. 아무래도 북미는 특히 이민자들이 많은 지역이고, 다양한 종교를 가진 학생들이 모여 있는 곳이기 때문인 것 같아요.

봄 관련 행사 (Spring Events)

그래서 4월에는 특별한 행사보단 봄을 주제로 한 활동이 많습니다. 모종 심기가 대표적인 활동인데요. 아이들이 학교에서 직접 자기가 기르던 화분을 가져오는 경우도 있어요. 저희 아이의 경우엔 1학년, 3학년, 4학년 때 학교에서 자기가 키우던 화분을 집으로 가져왔었어요. 혹, 개별적으로 가져오지 않더라도 모둠 활동으로 화분에 토마토나 콩 등을 키우곤 한답니다.

학교에는 학년별 화단이 있기도 해요. 제가 있던 반은 지퍼 백에 물을 듬뿍 적신 휴지와 콩을 넣고 교실 창문에 붙여 뒀었어요. 그리고 씨앗이 발아하는 데 걸리는 시간 등을 관찰해서 일지를 적었답니다. 이 과정 동안 씨앗이 발아하기에 꼭 필요한 조건들을 배우기도 하고, 자연에 대해 관찰하는 시간을 보내기도 해요. 실제로 발아한 콩을 보면 아이들이 얼마나 신나 하는지 몰라요. 파릇한 새싹을 보고 있으면 금방 봄이 코앞에 있음을 느낄 수 있답니다. 집에서도 이 활동은 쉽게 하실 수 있으니 아이와 함께 해보시면 어떨까 해요.

사진. 봄을 테마로 꾸민 5학년 KP반의 교실(Spring Theme Decoration)

사진: 어머니의 날 카드 (Mother's Day Card)

어머니의 날 (Mother's Day)

우리나라 5월에 어버이날이 있다면, 북미에는 어머니의 날(Mother's Day)이 있어요. 6월엔 아버지의 날(Father's Day)이 있기에 이날은 오롯이 엄마들을 위한 날이라고 할 수 있답니다. 이날을 위해 아이들이 예쁜 카드를 만들기도 하고 편지를 쓰기도 해요. 엄마들의 SNS에 아이들에게 받은 카드와 편지 등을 자랑하는 포스팅이 엄청나게 올라오는 날이기도 하죠.

빅토리아 데이 (Victoria Day)

5월 24일 전의 월요일에는 빅토리아 데이(Victoria Day)가 있습니다. 캐나다는 1867년에 영국으로부터 독립했는데, 그 당시 영국의 여왕이었던 빅토리아 여왕의 생일을 기념하는 날입니다. 많은 캐나다인들은 빅토리아 데이의 긴 주말을 여름의 시작이라고 생각하기도 해서인지 바깥 활동을 많이 해요. 또 캐나다 각 주 정부에서는 이날을 기념해서 불꽃놀이 등 여러 가지 행사를 열어요. 아이들이 긴 주말을 보내고 학교에 돌아오면 그동안 무엇을 했는지 이야기를 나누고, 그림으로 그리는 등 다양한 활동도 합니다. 이즈음부턴 완연하게 좋아진 날씨 덕인지 신나는 기운들로 학교가 들썩들썩한답니다.

학기의 마지막 (End of Semester)

벌써 학기의 마지막 달이네요. 학교에선 1년 동안 3번의 리포트 카드(report card)를 보내는데요. 우리나라로 치면 성적표라고 할 수 있어요. 6월 초, 중순에 마지막 리포트 카드 작성을 마치고 나면 선생님들은 이제 한시름 놓습니다. 교육 과정에서 중요하게 다루는 학습 목표는 5월에 대부분 마무리가 되고, 6월에는 아이들이 재미있게 지내는 것에 좀 더 초점을 맞춰요. 여름 방학이 다가오니까요. 거의 모든 과목에서 교실 밖으로 자주 나가요. 교과서나 노트를 들고 나가 햇빛 아래에서 공부하기도 하고요. 미술 시간에는 분필이나 물감으로 바닥에 그림을 그리는 시간을 갖기도 한답니다. 이렇게 즐겁게 지내고 나면 학기가 끝이 나고 두 달간의 긴 여름 방학이 시작됩니다.

지금까지 캐나다의 일 년 동안의 학교생활을 같이 한번 쭉 살펴보았는데요. 소개해 드린 행사들은 매년 반복되기 때문에 '아, 이제 이날을 준비하면 되는구나.' 하고 시간을 보내다 보면 한 해가 훌쩍 갑니다. 학기 중에 소풍(field trip)을 가기도 하고요. 또 우리 학교는 일 년에 두 번 트라이 콘퍼런스(tri-conference)라고 해서 일명 삼자대면 상담 시간을 가져요. 이때 선생님, 부모, 아이가 만나서 학습 목표나 학교생활에 대해 이야기를 나누어요. 학기 초에는 스트롱 비기닝(strong beginning)이라고 부르는, 아이들의 기초 실력을 평가하는 시간도 갖습니다. 그 밖에도 소방관이나 경찰관들을 초대해서 그분들의 역할에 대해 이야기하는 시간을 갖는 등 여러가지 행사가 열려요. 정말 행사가 다양하죠?

두 달 동안의 신나는 여름 방학이 시작되면 많은 아이들이 썸머 캠프에 참여하기도 하고 부모님과 캠핑을 가는 등 자유로운 시간을 즐기게 됩니다. 즐거운 야외 활동으로 몸도 마음도 쑥쑥 자라는 여름을 지내고 나면 다시 9월이 되어 학기가 시작되지요.

캐나다의 일 년 어떠세요? 한번 쭉 같이 훑고 나니 일 년 동안의 아이들의 생활이 눈에 그려지지 않나요?

사진: 아이들이 많은 시간을 보내게 되는 학교 체육관(School Gym)

사진: 캐나다 학교의 도서관(Canadian School's Library)

에필로그

배움이란 삶의 큰 부분이에요. 그리고 삶은 예측할 수 없는 놀라운 일들의 연속이지요. 다 큰 어른인 제가 캐나다 초등학교 교실에 앉아서 어린 친구들과 함께 공부하는 일을 상상조차 할 수 있었을까요? 지금은 이렇게 수학에 관련된 책을 끝내고 맺음말을 쓰고 있네요. 제가 생각해도 놀랍습니다.

처음 시작은 제가 주로 활동하는 온라인 커뮤니티에서 가끔 수학에 대한 질문들이 올라오는 걸 보면서였어요. '아, 나도 저렇게 궁금한 게 많았는데 알려주고 싶다.' 이런 마음이 들었거든요.

숫자 이야기부터 시작해서 캐나다에서 가르치는 수학 커리큘럼의 큰 흐름을 놓치지 않으려고 부단히 애를 썼습니다. 책을 쓰면서 좀 더 정확한 정보를 드리기 위해 칸 아카데미(khanacademy.org)에서 설명을 반복해서 듣고 ca.ixl.com(미국의 경우 ixl.com)에서 문제 유형을 많이 참고했어요.

제가 캐나다에 살고 있기에 책의 내용이 캐나다에 맞춰져 있지만, 북미 지역은 거의 유사한 커리큘럼을 사용하기에 여기서 공부하고자 하는 많은 학생과 그 학부모들에게 보다 도움이 되리라 생각합니다. 제가 위에 언급해 드린 두 사이트 중 '칸 아카데미(khanacademy.org)'는 인터넷 강의 위주의 커리큘럼을 가지고 있어요.

동영상 수업으로 학년별 과목을 자세하게 다루고 있기 때문에 아이들이 특정 과목에 어려움을 느낀다면 꼭 들어가서 보시라고 추천 드립니다. 영어, 수학뿐 아니라 과학, 예술 분야 등 다양한 과목을 다루고 있다는 것도 큰 장점이에요.

그리고 ixl은 수학과 영어에서 정말 많은 문제 유형이 학년별, 주제별로 구분되어 있어요. 특히 좋은 기능은 특정 수학 문제 유형이 학년이 올라갈수록 어떻게 조금씩 난도가 올라가는지 한눈에 살펴보시기에 좋다는 점이에요. 꼭 아이들이 캐나다나 미국에서 학교에 다니지 않더라도 한국에 계신 학부모님들께도 유용하리라고 생각됩니다.

이제 정말 책을 끝맺을 때가 된 것 같습니다. 읽어 주셔서 감사합니다.

배인혜 드림

부록

1. 캐나다 vs 한국 수학 교과 과정

2. Math Vocabulary

부록 1. 캐나다 vs 한국 수학 교과 과정

	캐나다 수학 교과 과정 Canadian Math Curriculum		초등 수학 목차 (2020 개정판)
Grade 1	Numbers 1 to 20	1~20까지의 숫자	1-1 9까지의 수, 여러 가지 모양, 덧셈과 뺄셈, 비교하기, 50까지의 수
	Ordinal numbers	서수	
	Counting forward	앞으로 세기	
	Counting backwards	거꾸로 세기	
	Composing numbers	숫자 구성	
	Decomposing numbers	숫자 분해하기	
	Addition facts to 20	20까지의 덧셈	
	Subtraction facts to 20	20까지의 뺄셈	
	Simple fractions	단순 분수	
	Money	돈	
	Time	시간	
	Length	길이	1-2 100까지의 수, 덧셈과 뺄셈(1), 여러 가지 모양, 덧셈과 뺄셈(2), 시계 보기와 규칙 찾기, 덧셈과 뺄셈(3)
	Area	면적	
	Mass and capacity	질량 및 용량	
	Shapes	도형	
	Solids	입체 도형	
	Locations	위치	
	Patterning	패턴	
	Sorting objects	개체 정렬	
	Pictographs	그림표	
	Probability	확률	

	캐나다 수학 교과 과정 Canadian Math Curriculum		초등 수학 목차 (2020 개정판)
Grade 2	Numbers to 50	50까지의 숫자	2-1 세 자릿수, 여러 가지 도형, 덧셈과 뺄셈, 길이 재기, 분류하기, 곱셈
	Counting forward and backward	앞으로, 거꾸로 세기	
	Addition and subtraction facts to 20	20까지의 덧셈과 뺄셈	
	Addition without regrouping	재배치가 없는 덧셈	
	Subtraction without regrouping	재배치가 없는 뺄셈	
	Addition and subtraction	덧셈과 뺄셈	
	Relating addition and subtraction	덧셈과 뺄셈 관련	
	Fractions	분수	
	Money	돈	
	Time	시간	2-2 네 자릿수, 곱셈 구구, 길이 재기, 시각과 시간, 표와 그래프, 규칙 찾기
	Temperature	온도	
	Length	길이	
	Perimeter and area	둘레와 면적	
	Mass and capacity	질량과 용량	
	Shapes	도형	
	Solids	입체 도형	
	Locations and movements	위치와 움직임	
	Patterning	패턴	
	Simple algebra	간단한 대수학	
	Pictographs	그림표	

	캐나다 수학 교과 과정 Canadian Math Curriculum		초등 수학 목차 (2020 개정판)
Grade 3	Number to 100	100까지의 숫자	3-1 덧셈과 뺄셈, 평면 도형, 나눗셈, 곱셈, 길이와 시간, 분수와 소수
	Counting forward and backward	앞으로, 거꾸로 세기	
	Addition	덧셈	
	Subtraction	뺄셈	
	Multiplication	곱셈	
	Division	나눗셈	
	Multiplication and division	곱셈과 나눗셈	
	Fractions	분수	
	Money	돈	
	Time	시간	
	Temperature	온도	
	Mass	질량	3-2 곱셈, 나눗셈, 원, 분수, 들이와 무게, 자료의 정리
	Capacity	용량	
	Length	길이	
	Perimeter	둘레	
	Angles	각도	
	Shapes	도형	
	Solids	입체 도형	
	Transformations	변환	
	Patterning	패턴	
	Simple equations	간단한 방정식	
	Graphs	그래프	
	Probability	확률	

	캐나다 수학 교과 과정 Canadian Math Curriculum		초등 수학 목차 (2020 개정판)
Grade 4	Numbers to 10,000	10,000까지의 숫자	4-1 큰 수, 각도, 곱셈과 나눗셈, 평면 도형의 이동, 막대그래프, 규칙 찾기 4-2 분수의 덧셈과 뺄셈, 삼각형, 소수의 덧셈과 뺄셈, 사각형, 꺾은선 그래프, 다각형
	Addition and subtraction	덧셈과 뺄셈	
	Multiplication facts to 81	81까지의 곱셈	
	Multiplying 2-digit numbers	두 자리 숫자의 곱셈	
	Division facts to 81	81까지의 나눗셈	
	Division without remainders	나머지가 없는 나눗셈	
	Division with remainders	나머지가 있는 나눗셈	
	Multiplication and division facts to 81	81까지의 곱셈과 나눗셈	
	Multiplication and division	곱셈과 나눗셈	
	Fractions and decimals	분수와 소수	
	Length	길이	
	Perimeter	둘레	
	Mass	질량	
	Time	시간	
	Shapes	도형	
	Solids	입체 도형	
	Grid maps	격자 지도	
	Reflections	반사(대칭)	
	Data management	데이터 관리	

	캐나다 수학 교과 과정 Canadian Math Curriculum		초등 수학 목차 (2020 개정판)
Grade 5	Whole numbers	정수	5-1 자연수의 혼합 계산, 약수와 배수, 규칙과 대응, 약분과 통분, 분수의 덧셈과 뺄셈, 다각형의 둘레와 넓이 5-2 수의 범위와 어림하기, 분수의 곱셈, 합동과 대칭, 소수의 곱셈, 직육면체, 평균과 가능성
	Multiplication and dividing whole numbers	정수의 곱셈과 나눗셈	
	Decimals	소수	
	Adding decimals	소수의 덧셈	
	Subtracting decimals	소수의 뺄셈	
	Multiplying decimals	소수의 곱셈	
	Dividing decimals	소수의 나눗셈	
	Fractions	분수	
	Ordering fractions	분수 나열하기	
	Improper fractions and mixed numbers	가분수와 대분수	
	Fractions and decimals	분수와 소수	
	Time and temperature	시간과 온도	
	Length and perimeter	길이와 둘레	
	Area	면적	
	Volume and capacity	부피와 용량	
	Angles and triangles	각도와 삼각형	
	Shapes and solids	도형과 입체 도형	
	Coordinate systems	좌표계	
	Transformations	변환	
	Patterning	패턴	
	Simple equation	간단한 방정식	
	Mean, median, and mode	평균, 평균값, 최빈값	

	캐나다 수학 교과 과정 Canadian Math Curriculum		초등 수학 목차 (2020 개정판)
Grade 6	Whole numbers	정수	6-1 분수의 나눗셈, 각기둥과 각뿔, 소수의 나눗셈, 비와 비율, 여러 가지 그래프, 직육면체의 부피와 넓이
	Prime and composite numbers	소수와 합성수	
	Decimals	소수	
	Adding decimals	소수의 덧셈	
	Subtracting decimals	소수의 뺄셈	
	Multiplying decimals	소수의 곱셈	
	Dividing decimals	소수의 나눗셈	
	Equivalent fractions	등가 분수	
	Ordering fractions	분수 나열하기	
	Percents	퍼센트	
	Ratios	비율	6-2 분수의 나눗셈, 소수의 나눗셈, 공간과 입체, 비례식과 비례배분, 원의 넓이, 원기둥, 원뿔, 구
	Rates	비율 값	
	Unit conversion	단위 변환	
	Length and perimeter	길이와 둘레	
	Area	면적	
	Volume	부피	
	Surface area	표면적	
	Shapes	도형	
	Patterning	패턴	
	Mean, median, and mode	평균, 평균값, 최빈값	

부록 2. Math Vocabulary

A

Acute triangle (예각 삼각형)
a triangle composed of all angles less than 90 degrees
모든 각이 90도 미만으로 이루어진 삼각형

Addend (가수)
the numbers that we add together to get a sum
덧셈의 합을 구할 때 더하는 수

Addition (덧셈)
the operation of combining two or more numbers to obtain a new number
두 개 이상의 수를 합하여 새로운 수를 얻는 연산

Algorithm (연산)
a step-by-step process for solving a specific problem
특정 문제를 해결하기 위한 단계별 과정

Angle (각도, 각)
an angle formed when two straight lines or rays meet at a single point
두 개의 직선이나 반직선이 하나의 점에서 만났을 때 생기는 각도

Area (면적)
the total space occupied by the surface or shape of an object
물체의 표면이나 모양이 차지하는 총 공간

Array (배열)

an object or image representing numbers or data in the form of columns and rows

열과 행의 형태로 숫자나 데이터를 나타내는 물체나 그림

Associative property (결합 법칙)

when you add or multiply numbers, they can be grouped in different ways and the answer will still be the same

두 식의 결합 순서를 바꿔도 결과는 동일하다는 법칙

Asymmetry (비대칭)

a shape in which an object is not equal when divided in half

물체를 반으로 나누었을 때 동일하지 않은 모양

Axis of symmetry (대칭축)

a line that makes two parts symmetrical about the center of a shape or object

어떤 도형이나 물체의 중심을 기준으로 두 부분이 대칭되는 선 또는 축

B

Beaker (비커)

a wide glass container with a flat bottom and rim for pouring used in a science laboratory

과학 실험실에서 사용되는 바닥이 편평하고 가장자리가 넓은 유리 용기

Billion (십억)

a number that represents 1,000,000,000

1,000,000,000을 나타내는 수, 10의 9제곱을 나타내는 수

Burette (뷰렛)
a container used for measuring the volume of a liquid or gas
액체나 기체의 부피를 측정하는 데 사용되는 용기

C

Capacity (용량)
the maximum quantity a container can hold when full
용기를 가득 채울 수 있는 물질의 총량

Cardinal number (기수)
a whole number greater than zero, used for counting
0보다 큰 정수 숫자, 계산에 사용함

Centimeter, cm (센티미터)
a unit for measuring the length in the metric system (equal to 0.01 meters)
미터법에서 사용되는 길이를 측정하는 단위(0.01 미터와 동일)

Circle (원, 동그라미)
a round-shaped figure that has no corners or edge
모서리나 가장자리가 없는 둥근 모양의 도형

Classify (구분, 분류)
act of grouping objects, people, or information into categories based on common characteristics or features
물체, 사람 또는 정보를 공통적인 특성이나 특징에 따라 그룹으로 나누는 행위

Closed shape (닫힌 모양)
a shape or a figure that starts and ends at the same point

시작점과 끝점이 같은 모양이나 도형

Column (열)
the vertical arrangement of items, vertically arranged lines
항목의 수직 배열, 즉 세로로 배열한 줄

Common denominator (공통 분모)
a number which can be divided exactly by all the denominators in a group of fractions
분수의 모든 분모로 정확히 나누어질 수 있는 수

Common divisor, Common factor (공약수)
a number that can divide two or more different numbers exactly
두 개 이상의 수를 동시에 나누어떨어지게 하는 수

Commutative property (교환 법칙)
when you add or multiply numbers, you can change the order of the numbers and the answer will still be the same
더하거나 곱해지는 두 수의 자리가 바뀌어도 결과는 동일하다는 법칙

Compensation (보정)
a method of adding or subtracting numbers to simplify calculation
계산을 단순화하기 위해 숫자를 더하거나 빼는 방법

Cone (원뿔)
A three-dimensional geometric shape with a circle base
밑면이 원인 3차원의 기하학적인 입체 도형

Cube (정육면체)
a solid shape with six square faces
6개의 정사각형 면을 가진 입체 도형

Cubic unit (단위 큐브)
a unit used to measure volume
부피를 측정하는 데 사용되는 단위

Curved line (곡선)
a curved line is one that is not straight but is bent
직선이 아닌 구부러진 선

Cylinder (원통, 원기둥)
a three-dimensional shape that has two identical circular top and a base
두 개의 동일한 원형 상단과 하단이 있는 입체 도형

D

Decagon (십각형)
a shape that has 10 sides
변이 열 개인 도형

Decimal (소수)
a number that consists of a whole and a decimal part
1보다 작은 수를 소수점을 사용하여 나타낸 수

Decimal point, Decimal mark (소수점)
the period or dot is used to separate the integer and fractional parts in a number
정수와 소수 부분을 구분하는 데 사용되는 점

Denominator (분모)

a number located at the bottom of a fraction, representing the whole
전체를 나타내는 분수의 맨 아래에 있는 숫자

Diagonal line (대각선)

a line connecting the opposite vertices (or corners) of a polygon
다각형의 반대쪽 꼭짓점(또는 모서리)을 연결하는 선

Diameter (지름)

a straight line passing through the center of a circle or sphere
원이나 구의 중심을 지나는 직선

Difference (차이)

a result of subtraction
뺄셈의 결괏값

Digit (숫자)

the single numbers from 0 to 9 used to represent place values
자릿값을 나타내는 데 사용되는 0부터 9까지의 숫자

Dilation (팽창)

a process of enlarging or reducing the size of a geometric object without changing its shape
기하학적인 물체의 모양을 바꾸지 않고 크기를 확대하거나 축소하는 과정

Dimension (치수)

the measurement of the length, width, and height
어떤 것의 길이, 너비, 높이를 측정하는 것

Distributive property (분배 법칙)

when you multiply the sum of two or more numbers is the same as multiplying the addends separately

두 수의 합에 어떤 수를 곱한 것은, 각 두 수에 어떤 수를 곱한 다음 더한 것과 결과가 동일하다는 법칙

Dividend (나누어지는 수)
a number that is divided by another number in a division operation
나눗셈 연산에서 다른 수로 나누어지는 수

Division (나눗셈)
the operation of dividing a number into equal parts
숫자를 같은 부분으로 나누는 연산

Divisor (나누는 수)
a number that divides another integer
다른 정수를 나누는 숫자

Dozen (12개 묶음)
the unit term used to represent 12 items
12개의 물건을 나타내는 데 사용되는 단위 용어

E

Edge (모서리, 가장자리)
the line between two surfaces
두 표면 사이의 선

Equal, = (등호)
the symbol indicating that two or more expressions or two numbers are equal
둘 이상의 식 또는 두 숫자가 동일함을 나타내는 기호

Equation (등식)
a symbol meaning that two expressions with an equals sign has the same value
등호가 있는 두 식이 동일한 값을 갖는다는 의미

Equilateral triangle (정삼각형)
a triangle in which all the angles are the same and all sides are of equal length
세 각의 크기가 동일하고 모든 변의 길이가 같은 삼각형

Equivalent fraction (등가 분수)
fractions with different numerators and denominators but the same value
분자와 분모는 다르지만 동일한 값을 가진 분수

Even number (짝수)
the integer that is divisible by 2
2로 나누어떨어지는 정수

Expanded form (확장 형식)
the method of representing a number by summing its individual place values
숫자의 개별 자릿값을 합해 숫자를 나타내는 방법

F

Face (면)
a flat face that forms a surface in a shape
도형에서 표면을 이루는 평평한 면

Factor (인수)
a number that is multiplied
곱해지는 수

Fact family (연관된 수의 무리)
different formulas with the same number. Addition is related to subtraction and multiplication is related to division
같은 숫자를 사용하는 서로 다른 공식. 덧셈은 뺄셈과 관련 있고 곱셈은 나눗셈과 관련된 것

Flask (플라스크)
a chemical laboratory glassware with a long neck and a rounded body
긴 목과 둥근 몸체를 가진 화학 실험용 유리병

Flip (반전)
the shape is reversed and the orientation of the shape is changed to left, right, up, or down
도형의 모양이 반전되며 방향이 좌우 혹은 상하로 바뀜

Foot, ft (피트)
a unit for measuring the length or distance in the imperial system (plural: feet)
영국식 체계에서 사용되는 거리나 길이를 측정하는 단위 (복수형은 피트)

Formula (공식)
an expression expressing the law of calculation in letters and symbols
계산 법칙을 문자와 기호로 나타낸 식

Fraction (분수)
a part of a whole divided into equal parts
전체 중 일부를 같은 부분으로 나눈 것

Friendly number (친숙한 숫자)
a number that is convenient to calculate, much like multiples of ten
십의 배수처럼 계산하기 편리한 숫자

G

Gallon, gal (갤런)
a unit for measuring volume
부피를 측정하는 단위

Geometry (기하학)
a branch of mathematics that studies points, lines, spaces, and shapes
점, 선, 공간, 모양을 연구하는 수학의 한 분야

Gram, g (그램)
a unit for measuring the mass in the metric systerm (equal to 0.001 kilograms)
미터법에서 사용되는 질량을 측정하는 단위 (0.001 킬로그램과 동일)

Greater than, 〉(~보다 크다)
when comparing numbers or values, indicating that the first number or value is larger or higher than the second one
숫자나 값을 비교할 때 첫 번째 숫자나 값이 두 번째보다 크거나 높다는 것을 나타냄

Greatest common divisor, Greatest common factor (최대 공약수)
the greatest of any two numbers that have a common divisor
공약수 중 가장 큰 수

H

Half (반)
one piece of the two equal parts obtained by dividing item in half (Plural: halves)
어떤 물건을 반으로 나누어서 얻은 두 개의 동일한 부분 중 한 조각 (복수형: halves)

Height (높이)
the vertical distance from the top to the bottom of an object
물체의 꼭대기에서 바닥까지의 수직 거리

Heptagon (칠각형)
a shape that has 7 sides
변이 일곱 개인 도형

Hexagon (육각형)
a shape that has 6 sides
변이 여섯 개인 도형

Horizontal line (수평선)
a straight line that goes from left to right or right to left
왼쪽에서 오른쪽 또는 그 반대로 향하는 직선

Hundred (백)
a number that represents 100 and the second power of ten
숫자 100이며, 십의 제곱을 나타내는 수

Hundredths (소수 둘째 자리)
second decimal place
소수점 둘째 자리

I

Improper fraction (가분수)
a fraction where the numerator is greater than or equal to the denominator
분자가 분모보다 크거나 같은 분수

Inch (인치)
a unit for measuring the length in the imperial system (equal to 0.08333 feet)
영국식 체계에서 사용되는 길이를 측정하는 단위 (0.08333 피트와 동일)

Irregular polygon (불규칙한 모양의 다각형)
the polygon that do not have equal sides and equal angles
변과 각도가 같지 않은 다각형

Isosceles triangle (이등변 삼각형)
a triangle with two sides equal in length
두 변의 길이가 같은 삼각형

K

Kilogram, kg (킬로그램)
a unit for measuring the mass in the metric systerm (equal to 1,000 grams)
미터법에서 사용되는 질량을 측정하는 단위 (1,000 그램과 동일)

Kilometer, km (킬로미터)
a unit for measuring the length or distance in the metric system

(equal to 1,000 meters)
미터법에서 사용되는 거리나 길이를 측정하는 단위(1,000 미터와 동일)

Kite (연꼴)
a quadrilateral in which two pairs of adjacent sides are of equal length
이웃한 두 쌍의 변의 길이가 각각 같은 사각형

L

Least common multiple (최소 공배수)
the smallest multiple of two numbers that are common to each other
어떤 두 수의 공통된 배수 중 가장 작은 수

Length (길이)
spatial distance from one end of an object to the other
물체의 한쪽 끝에서 다른 쪽 끝까지의 공간적 거리

Less than, ＜ (~보다 작다)
when comparing numbers or values, indicating that the first number or value is smaller or lower than the second one
숫자나 값을 비교할 때 첫 번째 숫자나 값이 두번째보다 작거나 낮다는 것을 나타냄

Line chart (라인 차트)
a diagram that uses lines to show how different numbers are related to each other
선을 사용하여 서로 다른 숫자가 어떻게 연관되어 있는지 보여주는 표

Line of symmetry (대칭선)
a line that cuts a shape or an object exactly in half
모양이나 물체를 정확히 반으로 나눈 선

Liter, ℓ (리터)
the unit for measuring the volume of liquids in the metric system
미터법에서 사용되는 액체 부피를 측정하는 단위

Long division (긴 나눗셈)
dividing a number by another number and recording each step of the operation
숫자를 다른 숫자로 나누고 작업의 각 단계를 기록하는 나눗셈의 방식

Lowest term, Simplest form (기약 분수)
the form of a fraction that keeps the value the same but the numerator and denominator as small as possible
분수의 값은 동일하지만 분자와 분모는 가능한 한 작게 유지하는 분수의 형태

M

Mass (질량)
a physical property that represents the amount of material an object possesses
물체가 가지고 있는 물질의 양을 나타내는 물리적 특성

Math operator (연산 기호)
the symbols of mathematical operations
수학적 연산 기호

Measurement (측정)
the process of quantifying the amount of a specific object using a consistent standard
일정한 기준을 사용하여 특정 물체의 양을 정량화하는 과정

Mental math (암산)
the practice of performing mathematical calculations without the use of tools
도구를 사용하지 않고 수학적 계산을 수행하는 연습

Meter, m (미터)
a unit for measuring the length in the metric system (equal to 100 centimeters)
미터법에서 사용되는 길이를 측정하는 단위(100 센티미터와 동일)

Metric system (미터법)
the international measurement system used to quantify physical quantities such as length, weight, capacity, and others, through a standardized system
물리적인 길이, 무게, 용량 등을 표준화된 시스템을 통해 정량화하는 데 사용되는 국제적인 측정 시스템

Mile, mi (마일)
a unit for measuring the length in the imperial system (equal to 5,280 feet)
영국식 체계에서 사용되는 길이를 측정하는 단위 (5,280 피트와 동일)

Million (백만)
a number that represents 1,000,000 and the sixth power of ten
숫자 1,000,000이며, 십의 여섯제곱을 나타내는 수

Minuend (피감수)
the number to subtract in subtraction
뺄셈에서 빼는 숫자

Mixed number fraction (대분수)
a number that is the sum of an integer and a fraction greater than 1
자연수와 진분수의 합으로 이루어진 1보다 큰 분수

Multiplication (곱셈)
the operation of multiplying two numbers to obtain a new value
두 숫자를 곱하여 새로운 값을 얻는 연산

Multiplicand (피승수)
the number before being multiplied in counting
계산할 때 곱하기 전의 숫자

Multiplier (승수)
the number that is multiplied in multiplication
곱셈에서 곱해지는 숫자

N

Nonagon (구각형)
a shape that has 9 sides
변이 아홉 개인 도형

Non-terminating decimal (무한 소수)
a decimal with an infinite number of non-zero digits after the decimal point
소수점 이하에 0이 아닌 숫자가 무한히 존재하는 소수

Number (숫자)
a numeric value used to indicate quantity
수량을 나타내는 데 사용되는 숫자의 값

Numerator (분자)
the number at the top of a fraction means a part of a whole
분수의 상단에 있는 숫자는 전체 중 일부를 의미함

O

Obtuse triangle (둔각 삼각형)
a triangle with one of its interior angles measuring more than 90 degrees
한 각이 90도보다 큰 삼각형

Octagon (팔각형)
a shape that has 8 sides
변이 여덟 개인 도형

Odd number (홀수)
the integer that is not divisible by 2, always leaving a remainder
2로 나누어지지 않고 항상 나머지를 남기는 정수

Ones (일의 자리)
ones place, ranging from 0 to 9
일의 자리, 0부터 9까지의 숫자

Open shape (열린 모양)
a shape or a figure that starts and ends at the different point
시작점과 끝점이 다른 모양이나 도형

Operation (연산)
the process of mathematical calculating and obtaining the result
결과를 얻기 위한 수학적인 계산이나 작업

Ordinal number (서수)
a number that indicates the order
순서를 나타내는 수

Ounce, oz (온스)
a unit for measuring mass or weight
질량 또는 무게를 측정하는 단위

P

Parallelogram (평행 사변형)
a quadrilateral with opposite sides parallel and of equal length
마주 보는 변이 평행하고 길이가 같은 사각형

Parallel line (평행선)
the straight lines that never meet each other on a plane and are equally spaced
평면상에서 서로 절대 만나지 않고 같은 간격을 유지하는 직선

Pattern (패턴)
the numbers or shapes are repeated in a consistent manner
숫자나 도형이 일정한 방식으로 반복되는 것

Pentagon (오각형)
a shape that has 5 sides
변이 다섯 개인 도형

Percent (퍼센트)
the unit that expresses the ratio of a number divided by 100
숫자를 100으로 나눈 비율을 나타내는 단위

Perimeter (둘레)
the total length of the outline of a shape
도형이 가진 모든 변의 길이의 합

Pint, pt (파인트)
a unit for measuring volume
부피를 측정하는 단위

Place value (자릿값)
the value of a number determined by the digit it is in
숫자가 있는 자리에 따라 결정되는 숫자의 값

Platonic solid (정다면체)
all faces of the three-dimensional shape are of the same size
입체 도형을 이루는 모든 면의 크기가 같음

Polygon (다각형)
a shape on a flat surface surrounded by multiple lines
여러 개의 선으로 둘러싸인 평면 위의 도형

Polyhedron (다면체)
a solid-shaped figure with volume enclosed by flat polygonal faces
다각형 모양의 여러 면으로 둘러싸인 입체 도형

Pound (파운드)
a unit for measuring mass or weight
질량 또는 무게를 측정하는 단위

Preimage (원상)
the original image before transformation
변환 전의 원본 이미지

Prism (각기둥)
a three-dimensional shape that has two identical polygonal top and a base and rectangular faces
두 개의 동일한 다각형 상단과 밑면이 있고, 직사각형 옆면을 가진 입체 도형

Product (결과물)
the result of multiplication
곱셈의 결괏값

Proper fraction (진분수)
a fraction where the numerator is smaller than the denominator
분자가 분모보다 작은 분수

Pyramid (각뿔)
a three-dimensional shape that has a polygonal base and triangular faces
밑면이 다각형이고, 옆면이 삼각형인 입체 도형

Q

Quadrilateral (사각형)
a shape that has 4 sides
변이 네 개인 도형

Quarter (4분의 1)
a part or one-fourth representing something that is divided into

four equal parts
4등분된 부분이나 4분의 1을 나타내는 것

Quotient (몫)
the number resulting from the division of one number by another
나눗셈에서 한 숫자를 다른 숫자로 나눈 결괏값

R

Rectangle (사각형)
a type of polygon that has 4 sides with all angles measuring 90 degrees
네 개의 변과 모든 각이 직각으로 이루어진 다각형

Reflection (반사)
a transformation that reflects an object across a specific line
특정 선을 기준으로 대상을 대칭시키는 변환

Regular polygon (정다각형)
a shape with all equal in length and angles
모든 변의 길이와 각도가 같은 도형

Regroup (재배치)
the process of rearranging numbers to align the place values when performing addition or subtraction with multi-digit numbers
두 자릿수 이상의 수를 더하거나 뺄 때 자리의 수를 맞추기 위해 숫자를 재정렬하는 과정

Remainder (나머지)
in division, the number of remainders after dividing a number into

equal parts
나눗셈에서 어떤 수를 다른 수로 나눌 때 결과에서 남는 값

Repeating decimal (순환 소수)
a certain set of digits repeats infinitely after the decimal point
소수점 아래에서 일정한 패턴의 숫자나 숫자 그룹이 반복되는 소수

Rhombus (마름모)
a parallelogram that has 4 sides of equal length, where opposite sides are parallel to each other
마주 보는 변이 평행하고 네 변의 길이가 같은 평행 사변형

Right triangle (직각 삼각형)
a triangle with one 90-degree angle
한 각이 90도인 삼각형

Rotation (회전)
the original moves by a certain angle based on the center point and turns in a circular shape
원본이 중심점을 기준으로 일정한 각도만큼 이동하여 원형으로 회전

Row (행)
the horizontal arrangement of objects, horizontally arranged lines
물체의 수평 배열, 가로로 배열된 선

S

Scalene triangle (부등변 삼각형)
a triangle with all sides of different lengths and angles

모든 변의 길이와 각도가 다른 삼각형

Shape (도형)
the form of an object or its outline
사물의 형태나 윤곽

Side (변)
a line connecting parts of a shape
도형에서 일부분을 연결하는 선

Simplest from, Lowest term (기약 분수)
the form of a fraction that keeps the value the same but the numerator and denominator as small as possible
분수의 값은 동일하지만 분자와 분모는 가능한 한 작게 유지하는 분수의 형태

Skip counting (뛰어 세기)
counting numbers at regular intervals, skipping some numbers in between
일정한 간격으로 숫자를 셀 때 사이의 일부 숫자를 건너뛰어 세는 것

Solid shape (입체 도형)
a shape formed in three-dimensional space with length, width, height, etc
길이, 너비, 높이 등을 가지고 3차원 공간에서 형성되는 도형

Sphere (구)
a spherical round, and solid sphere without edges
공 모양의 둥글고 가장자리가 없는 단단한 입체 구형

Square (정사각형)
a type of polygon that has all same 4 sides and angles measuring 90 degrees

네 변의 길이가 모두 같고 네 각이 모두 직각인 다각형

Square unit (넓이 단위)
the metric unit used to measure area

면적을 측정하는 데 사용되는 미터법의 단위

Standard form (표준 형태)
the standard form as the most common way of representing numbers

숫자를 표현하는 가장 일반적인 방법의 표준 형식

Straight angle (평각)
an angle of 180 degrees, i.e., a horizontal

180도의 각, 즉 수평

Subtraction (뺄셈)
the operation of taking one number away from another to obtain their difference

한 숫자에서 다른 숫자를 빼내어 차이를 구하는 연산

Subtrahend (빼는 수)
number to subtract in subtraction

뺄셈에서 빼는 숫자

Sum (합계)
the result of addition

덧셈의 결과

Symmetry (대칭)
when an object is divided into halves and both halves are exactly the same shape

물체를 반으로 나누었을 때 양쪽 반이 정확히 같은 모양

T

Tally mark (기록표)
the ways of representing numbers by drawing lines and grouping them in sets of five
줄을 긋고 다섯 줄씩을 그룹화하여 숫자를 나타내는 방법 중 하나

Tenths (소수 첫째 자리)
the first decimal place
소수점 첫째 자리

Terminating decimal (유한 소수)
the decimal with a limited number of digits after the decimal point
소수점 이하 자릿수가 제한된 소수

Thousand (천)
a number that represents 1,000 and the third power of ten
숫자 1,000이며, 10의 세제곱을 나타내는 숫자

Thousandths (소수 셋째 자리)
the third decimal place
소수점 세 번째 자리

Three-dimensional(3D) shape (3차원 도형)
a solid figure or an object or shape that has three dimensions—length, width, and height
길이, 너비, 높이의 3차원이 있는 입체 도형이나 물체 또는 모양

Translation (평행 이동)
all points of an object move the same distance in a given

direction
물체의 모든 점이 주어진 방향으로 같은 거리를 이동함

Trapezoid, Trapezium (사다리꼴)
a quadrilateral with one pair of parallel sides
한 쌍의 변이 평행한 사각형

Triangle (삼각형)
a shape that has 3 sides
변이 세 개인 도형

Trillion (조)
a number that represents 1,000,000,000,000 and the twelfth power of ten
숫자 1,000,000,000,000이며, 10의 12제곱을 나타내는 수

Two-dimensional(2D) shape (2차원 도형)
a shape that has only length and width, existing only in a flat surface
길이와 너비만 있고 평평한 표면상에서만 존재하는 도형

U

Unit (단위)
a specific value or unit that serves as a reference in measurement or calculation
어떤 양이나 크기를 나타내는 데 사용되는 측정의 척도

V

Vertex (꼭짓점)
a point where two or more curves, lines or edges meet or intersect
두 개 이상의 곡선, 선 또는 모서리가 만나거나 교차하는 지점

Vertical line (수직선)
the line that starts from top to bottom forms a right angle with the base
위에서 아래로 향하는 직선으로 평면과 직각을 이룸

Volume (부피)
the amount of space occupied by an object in three-dimensional space
3차원 공간에서 물체가 차지하는 공간의 양

W

Whole number (정수)
all positive integers including zero, and it does not include negative any fractions, negative numbers or decimals
음수, 분수, 소수를 제외한 0을 포함한 모든 수를 나타냄

Width (너비)
the measurement or distance of the item from side to side
물체의 좌우 거리 또는 치수

Y

Yard, yd (야드)

a unit for measuring the length in the imperial system (equal to 3 feet)
영국식 체계에서 사용되는 길이를 측정하는 단위 (3 피트와 동일)

수포자가 없는 캐나다 수학 교실
PISA 상위권 국가인 캐나다 초등학생의 행복한 수학 공부법

초판 1쇄 발행 2024년 1월

지은이
배인혜

펴낸이 **펴낸곳** **등록**
김기중 ㈜키출판사 1980년 3월 19일(제16-32호)

전화 **팩스** **주소**
1644-8808 02)733-1595 (06258) 서울시 강남구 강남대로 292, 5층

가격 **ISBN**
17,000원 979-11-6526-205-1

잘못 만들어진 책은 구입처에서 바꿔 드립니다. 이 책의 무단 복제, 복사, 전재는 저작권법에 저촉됩니다.

원고투고

키출판사는 저자와 함께 성장하길 원합니다. 사회에 유익하고 독자에게 도움 되는 원고가 준비된 분은 망설이지 말고 Key의 문을 두드려 보세요. Key와 함께 성장할 수 있습니다.
company@keymedia.co.kr